Onde erramos?

Quando a droga invade a família

Dados Internacionais de Catalogação na Publicação (CIP)
(Câmara Brasileira do Livro, SP, Brasil)

Rehfeldt, Klaus H. G.
   Onde erramos? : quando a droga invade a família / Klaus H. G. Rehfeldt. -- São Paulo : EPU, 2009.

   ISBN 978-85-12-60530-2

   1. Dependência química 2. Drogas – Abuso – Tratamento 3. Pais e filhos 4. Toxicômanos – Reabilitação 5. Toxicômanos – Relações familiares
   I. Título. II. Título: Quando a droga invade a família.

09-03831   CDD-362.2918

Índices para catálogo sistemático:

1. Dependência química : Recuperação :
   Problemas sociais 362.2918
2. Drogas : Dependência : Recuperação :
   Problemas sociais 362.2918

Klaus H. G. Rehfeldt

Onde erramos?

Quando a droga invade a família

E.P.U. **EDITORA PEDAGÓGICA E UNIVERSITÁRIA LTDA.**

Sobre o autor

Klaus H. G. Rehfeldt nasceu na Alemanha em 1935, de onde imigrou para o Brasil em 1953. Aqui, completou seus estudos, formando-se em Ciências Econômicas pela Universidade Federal do Paraná. Durante mais de 30 anos, trabalhou em vários ramos econômicos, atuando por muitos anos em gerências administrativas e de produção em empresas industriais e de prestação de serviços. Em decorrência de experiências próprias vividas no passado, dedicou-se, depois de aposentar-se, à consultoria empresarial em prevenção de dependências químicas, do que resultou a publicação de 3 livros na área de adictologia: "Álcool e Trabalho", EPU, 1989; "Ele (ou ela) é Alcoólatra – O que Fazer?" Ed. Lunardelli, 1995; e "Drogas" (coleção de 12 + 1 cadernos), Ed. ECO, 2006.
Em 1997, formou-se em Serviço Social pela Fundação Universidade Regional de Blumenau – FURB, resultando daí sua busca de novas dimensões para o serviço social em empresas. Começou a dedicar-se ao estudo e desenvolvimento da Competência Social, assunto explanado no livro "Competência Social – no Trabalho do Futuro e no Futuro do Trabalhador", editado pela Editora da FURB, e cujos princípios incorporou no contexto da prevenção de uso indevido e abuso de substâncias psicoativas.
Durante 13 anos (1991 – 2004), representou a Associação Industrial e Comercial de Blumenau – ACIB como conselheiro no Conselho Municipal de Entorpecentes – COMEN, de Blumenau. Atualmente, está coordenando o Programa AMOR-EXIGENTE em Blumenau.
Em 2006, dentro do "Projeto Clareza", publicou o livro "Eu Gosto de Mim!" Klaus Rehfeldt, 2006, como resultado de uma pesquisa escolar inédita em busca das razões para o não uso de drogas pela maioria dos adolescentes.
Além das obras acima, publicou os livros "Será? – A Intuição Prática e a Prática da Intuição", Editora ECO, 2005, e "Sob o Signo da Responsabilidade Social", Klaus Rehfeldt, 2007.

Klaus H. G. Rehfeldt
rehfeldt@terra.com.br
Fone: (47) 3326 0054
(47) 9101 0054

Capa: Departamento de arte da E.P.U.

ISBN 978-85-12-**60530**-2

© E.P.U. – Editora Pedagógica e Universitária Ltda., São Paulo, 2009.
Todos os direitos reservados.
A reprodução desta obra, no todo ou em parte, por qualquer meio, sem autorização expressa e por escrito da Editora, sujeitará o infrator, nos termos da Lei nº 6.895, de 17/12/1980, à penalidade prevista nos artigos 184 e 186 do Código Penal, a saber: reclusão de um a quatro anos.

E. P. U. – Telefone (0++11) 3168-6077 – Fax. (0++11) 3078-5803
E-mail: vendas@epu.com.br – *Site:* http//www.epu.com.br
Rua Joaquim Floriano, 72 – 6º andar – salas 65/68 – 04534-000 – São Paulo – SP

Impresso no Brasil   *Printed in Brasil*

Sumário

Introdução 7

1. A família 11
   Do ninho à sociedade aberta 11
   O palco da singela sinceridade 12

2. As drogas 15
   Por que alguém usa drogas? 15
   A dimensão histórica 17
   A dimensão social 18
   A dimensão individual 20

3. A dependência 27
   Uma doença grave 27
   As causas 29

4. As trancas na porta 33
   Prevenção, prevenção, prevenção 33

5. "É um assalto!" – A tranca não funcionou 37
   A droga invade a casa 37
   Podemos impedir esta invasão? 40

6. E agora? 45
   A grande surpresa 45

    A questão da culpa 46
    Que medidas tomar? 48
        O que deve ser dialogado e de que maneira? 49
        Qual é o melhor momento para este diálogo 51
        Quem deverá manter o diálogo? 51
        Onde deve ocorrer esse diálogo preferencialmente? 53
    E os resultados? 53
    Hábito ou dependência? 55

7. Conviver ou intervir? Não existem milagres 61
    O que fazer? 61
    A decisão pela busca de ajuda 63
    Ajuda para quem? 65

8. O amor consequente, ou ajudar sem facilitar 67
    A intervenção 68
    O próximo passo: a oferta de ajuda 70
    Ajudar com consistência 73

9. Se for o caso, reconheça sua incompetência 83
    Despreparo para a complexidade da dependência 83
    A necessidade de ajudar para quem quer ajudar 85

10. O final feliz existe? Para quem? 89
    Os obstáculos são grandes... 89
    ... mas são vencíveis 92

Anexo 1
    A carreira da dependência. Da entrada a uma possível saída
    da mesma 95

Anexo 2
    O projeto "Clareza" e o livro "Eu Gosto de Mim!" 99

Introdução

Poucas coisas na nossa vida são feitas com tão pouco planejamento e tanta improvisação e bom-senso como a educação dos nossos filhos. Não está se falando da educação escolar, mas da educação para a vida que a criança recebe no ambiente familiar. Quem determina as medidas e a intensidade com que se desenvolve sua educação é a criança à medida que cresce e ocupa seus espaços físicos e sociais. Nesse processo, ela colide com estruturas, costumes e convicções existentes. Portanto, a formação da personalidade e do caráter da criança e do adolescente segue um modelo fortemente reativo e de respostas e, consequentemente, corretivo em vez de obedecer a definições e decisões previamente planejadas.

Isso é uma realidade e, embora algumas linhas estratégicas talvez possam ser previamente estabelecidas, sua transposição para a prática é impossível de ser programada. As próprias características familiares, culturais, sociais e econômicas de cada situação pessoal, para citar apenas as principais, jamais permitiriam o preestabelecimento de um roteiro educacional, principalmente no que toca à construção e à solidificação de valores. Estes nascem e alimentam seu desenvolvimento a partir da vivência no cotidiano de cada indivíduo.

Obviamente, não se pretende discutir aqui modelos educacionais, e muito menos criticar (ou culpar) os pais pela maneira que julgam adequada e certa e, portanto, adotam para educar seus filhos. Até porque nesse campo, cada pai e cada mãe procuram criar seus filhos da melhor maneira possível, segundo suas crenças, seus conhecimentos, suas experiências e suas convicções. Que certos pais confessam sentirem-se inseguros, também parece sempre ter sido uma realidade – basta perguntar aos nossos pais e avôs. Mas a crescente velocidade no atual desenvolvimento técnico e socioeconômico parece estar agravando sobremaneira essa sensação de insegurança.

O que se pretende evidenciar é a elevada frequência do fator surpresa encontrado, via de regra, ao longo de um processo de formação de uma criança e de um adolescente. E aí encontramos surpresas de toda ordem. Quando são boas, enchem os pais de orgulho – e logo os vizinhos saberão. Quando, porém, não correspondem às nossas expectativas e revelam um aparente (ou real) insucesso nos nossos esforços educativos, provocam os mais diversos sentimentos, da chateação à fúria, da consternação ao desespero, da frustração à impotência. E, quase infalivelmente, nascida daquela insegurança, uma das primeiras perguntas é: "onde erramos?"

Se, por um lado, precisamos entender que errar faz parte do acerto final, basta saber tirar as lições; por outro, falta muitas vezes a compreensão do fato de que criar filhos é um eterno tentar, esperar os resultados, tentar novamente, esperar novamente, e assim por diante, sem ter a mínima certeza quanto ao resultado final de cada momento e cada segmento desse processo.

De efetivamente construtivo, essa pergunta abriga a oportunidade para uma reflexão, desde que seu foco não se limite exclusivamente à identificação de culpados. A atribuição de culpas nada resolve, principalmente quando a culpa é involuntária. Portanto, as reflexões devem ser em busca de lições – e qualquer vergonha de errar, quando se procede de sã consciência, carece de fundamento.

Tudo isso é bastante lógico e, na verdade, não constitui nenhuma novidade. Quando, porém, estigmas e preconceitos invadem esse quadro, a situação fica bem mais complicada. E o uso excessivo ou indevido de drogas (lícitas ou ilícitas, respectivamente) gera preconceitos e pré-julgamentos na sociedade e produz estigmas, também entre não-usuários. Isso dificulta sobremaneira a aceitação desse fato por parte das pessoas indiretamente envolvidas com drogas, sobretudo os familiares.

Essa constelação de fatores provoca uma confusão geral na população e desorientação entre as pessoas mais diretamente atingidas. A falta de conhecimento (ou, talvez pior, o argumento apoiado em conhecimentos falsos) sobre as drogas, seus efeitos e as pessoas que se tornam suas vítimas leva a conclusões erradas e com isso, a atitudes erradas. Essas atitudes, em geral de "bom-senso" e empíricas, são acompanhadas de sentimentos, nos quais se misturam medo da verdade com falso orgulho, esperança com desespero, pena com determinações difusas, mas também raiva com amor.

A insegurança daí resultante dificulta inicialmente a compreensão e interpretação da situação e, em seguida, a tomada de medidas objetivas a partir de uma postura firme e decidida. A convicção de estar fazendo a coisa certa, despida de falsos sentimentos, não somente ajuda à família (ou ao círculo social) da pessoa atingida ao fazer suas escolhas e definir seus passos, mas, com igual importância, pode servir de referencial, de norte, de opção, e inspirar confiança – todos recursos que faltam ao doente de uma dependência.

Exceções à parte, o dependente químico precisa de ajuda para sair da sua prisão. Porém, o que parece tão simples para uma pessoa não usuária de drogas, ou um consumidor moderado de bebidas alcoólicas, é extremamente complicado para o dependente. A dificuldade começa pelo fato da aceitação de ajuda implicar na admissão da sua condição perante si mesmo e – pior ainda – diante de terceiros, além de numerosos outros fatores que lhe subtraem a independência de raciocínio e a ação em relação às drogas – sem ter a certeza de ser corretamente compreendido. Somente o dependente sabe quanto medo, vergonha, orgulho e dúvidas precisam ser vencidos e quanta coragem e humildade são necessárias para formular as palavras "preciso de ajuda"!

A *pergunta* "onde erramos"? costuma relacionar-se com as origens e o desenvolvimento da dependência de um familiar, amigo ou colega; a *constatação* "onde erramos"! refere-se aos erros que habitualmente são cometidos nas inúmeras tentativas de oferta de ajuda e que com tanta frequência resultam em insucessos. Tentamos, no decorrer dos capítulos que se seguem, mostrar não apenas a necessidade indispensável da ajuda, mas também o que deve ser considerado na sua oferta e aplicação para facilitar sua aceitação e tornar sua aplicação mais eficiente, sem os habituais, mas desnecessários desgastes no relacionamento com o dependente e os consequentes obstáculos e retardamentos para uma recuperação.

1. A família

Do ninho à sociedade aberta

Nunca, na sua história, o homem gozou de tanta liberdade como atualmente: liberdade de agir e pensar – e de se emocionar. Ao mesmo tempo, talvez exatamente por causa disso, nunca se sentiu tão perdido. Liberdade significa movimento e expansão, mas também o rompimento de vínculos. *Ao saborear a liberdade, corremos o risco de perder a noção da importância que os vínculos e as raízes têm em nossa vida.* Vínculos e raízes de diversas naturezas e em ambientes distintos: de natureza geográfica no nosso universo existencial, de natureza profissional no nosso meio ocupacional e econômico, de natureza cultural e de conforto no nosso ambiente social, de natureza política no nosso mundo de coexistência coletiva, entre outras de menor significado.

Todos os ambientes sociais, dos quais fazemos parte, interagem com nossas vidas. Alguns com potencial significativo, ocupando importantes espaços e períodos de tempo, e exercendo forte influência sobre a formação e o desenvolvimento das nossas personalidades e dos nossos comportamentos. Os mais importantes são inicialmente o próprio lar, mais cedo ou mais tarde complementado pelo ambiente escolar, que pode começar já no berçário e terminar num doutorado e, posteriormente e em diferentes momentos para cada um, a vida profissional. Sem dúvida, *as relações familiares são, em circunstâncias normais, as mais intensas e com teor emocional mais expressivo.*

No ambiente familiar, enquanto o exemplo dos pais com suas atitudes e seus ensinamentos moldam o caráter dos filhos, o amor e a intimidade permitem o livre desabrochar e fluir de sentimentos; mas, também, aprimoram sua sensibilidade e o respeito pelos sentimentos dos outros.

Já nas relações extrafamiliares, o exemplo da conduta alheia e as experiências emocionais fora de casa são na sua maioria menos marcantes. Poucas relações pessoais de intensidade e duração resultam dos conhecimentos travados e das interações vividas nesses meios de convivência. Ali, *podem, sem dúvida, surgir grandes amizades com afinidades e desenvolvimentos emocionais profundos e uma notável capacidade de suporte sentimental;* porém, essas, geralmente, restringem-se a muito poucas. Em parte, porque muitos dos ambientes são de elevado grau de competitividade, e também porque muitas amizades formadas no tempo de solteiro não conseguem ser compartilhadas pelos futuros cônjuges depois dos respectivos casamentos. Por outro lado, são nesses ambientes que se encontram os casais que dão origem a novas famílias.

A longo prazo, é importante observar que as relações familiares tendem a diminuir na sua amplitude e na intensidade, acabando por restringir-se a alguns parentes mais próximos. Em contrapartida, todos os novos relacionamentos formados no decorrer dos anos são amizades extrafamiliares e convivências profissionais e sociais.

O palco de singela sinceridade

Na constelação das inúmeras relações interpessoais, as nascidas e desenvolvidas dentro da família são as mais fortes, estáveis, honestas e tolerantes, resultando daí uma extraordinária resistência ao desgaste. *Embora os padrões de crítica, e consequentemente os juízos feitos, sejam mais severos, o grau de confiança, de tolerância e de aceitação mútua é muito maior do que em qualquer outro ambiente de convivência.* Além disso, o nível de sinceridade e a clareza de expressão conseguem atingir um plano superior, sem meias palavras ou entrelinhas. Por outro lado, também a *solidariedade e a responsabilidade* pelo outro são significativamente mais profundas do que em qualquer outro grupo de coexistência. Só amizades muito grandes, que por sua natureza costumam ser poucas no transcurso da nossa vida, conseguem atingir iguais níveis de valores – ou superá-los.

A existência dessas condições permite que a família consiga ser o palco sobre o qual emoções e sentimentos possam ser externados, percebidos e compreendidos. *Poucas relações* (em geral apenas as constituídas com assistências profissionais), *além das familiares, garantem sustentabilidade a descargas e choques emocionais diretos, ao diálogo franco e sincero – e ao reconhecimento do erro e à conciliação!* O amor entre o casal, o amor paterno/materno e o amor fraternal formam a base necessária para que isso possa acontecer! Onde esse amor é prejudicado não existe mais espaço para outros sentimentos e para que emoções possam ser expressas, sentidas e trabalhadas honesta e despretensiosamente. É esse amor que consegue dar forma e cristalizar os verdadeiros problemas a fim de que sejam assumidos e possam ser resolvidos adequadamente, deixando que as rotinas cotidianas se incumbam do secundário, do menos importante, dando-lhe seu destino adequado.

Além do amor, a intimidade das relações familiares, o profundo conhecimento da personalidade e do caráter de cada membro, como também das razões de determinados atos, atitudes e comportamentos, por um lado, permitem a identificação das imperfeições, das faltas e dos erros de cada um; por outro, há bastante espaço para explicações, justificativas e compreensão, que fortalecem e realimentam o amor de uns aos outros. Mas também há aspectos negativos nessas relações. Elas decorrem principalmente da intimidade e intensidade de convivência: *subjetividades muito expressivas, o confronto direto e muitas vezes inconsequente, uma forte tendência à sem-cerimônia e até ao desrespeito, enfim, desconsiderações resultantes de desgastes de relacionamentos próximos e intensivos, todos prejudicando em maior ou menor grau uma convivência harmoniosa.* Outro aspecto complicador frequentemente observado é a ocultação por parte dos pais dos próprios problemas, onde pode estar incluído todo o passado de adolescência dos mesmos, que não conseguem ou julgam não dever revelar aos filhos, e de sua eventual incapacidade de resolvê-los. Isso compromete o nível de honestidade interna da família e ergue uma barreira entre as gerações envolvidas.

Todas essas condições e valores estão presentes em maior ou menor grau em todas as famílias. Eles são experimentados e vividos no cotidiano de todas as famílias, embora nem sempre de maneira consciente. São tão naturais que não são percebidos como algo tão importante na formação da vida dos membros da família; mas são de importância vital para a vida familiar.

Não é preciso salientar que não existem duas famílias iguais. Mas *é necessário considerar que há quatro tipos distintos de famílias, ou seja, aquelas constituídas somente pelo casal, as de pais e filhos crianças, as de pais e filhos adolescentes* (ou a combinação desses dois tipos), *e as de pais e filhos na chamada adolescência tardia*, ou, como alguém foi muito feliz em chamar, "na adolescência em prorrogação". Cada um desses modelos de família tem características próprias, que se revelam nos seus diferentes valores, distintos níveis de intelecto, de tolerância e de comunicação, graus de autonomia individual, interdependência e relacionamentos interpessoais. Evidentemente, tudo isso condiciona interações familiares bastante características com profundos efeitos sobre o funcionamento familiar. Se essas realidades não forem devidamente reconhecidas e interpretadas, podem produzir sensíveis efeitos sobre as relações intrafamiliares e a convivência familiar, com reflexos diretos sobre a capacidade de encontrar soluções de conflitos – ou de vivenciar a felicidade.

2. As drogas

Por que alguém usa drogas?

Vivemos tentando *evitar o desconforto e em busca da sensação do prazer*! Contornar ou fugir da privação, do desconforto e do sofrimento constitui a base de uma vida tranquila e confortável. Enquanto o conforto resulta geralmente de circunstâncias favoráveis – mesmo que criadas com essa finalidade, o prazer é o produto direto de uma ação, em geral gerada com esse propósito. A busca do conforto e do prazer é a base de sustento da condução da vida.

Essa afirmação pode parecer simplista e radical; mas retrata a realidade. Quando falamos em vida, não nos limitamos à vida humana – as mesmas constatações podem ser feitas na vida animal. Vejamos porquê. Desde o instante em que nascemos, somos conduzidos pelo impulso – ou pela energia biológica universal – da preservação da nossa vida, inconsciente, mas implacavelmente. *O impulso da preservação da vida é o mais forte e o mais central entre todas as forças que nos conservam vivos*. E essa preservação funciona pela interação dos fatores que formam o binômio desconforto e prazer.

Sede e fome causam desconforto e saciá-los proporciona conforto, ou até prazer. Ninguém se daria ao trabalho de providenciar comida e consumi-la se a falta de alimentação não produzisse o desconforto da fome. (E no reino animal, a obtenção de comida pode ser extremamente penosa.) O desconforto do frio e o prazer de estar agasalhado, o desconforto do medo e o conforto da segurança, como tantos outros desconfortos cuja superação gera conforto ou causa prazer, encontram-se na mesma linha de funções.

O segundo mais forte dos impulsos de vida é o da preservação da espécie, cuja iniciativa manifestada pelo ato sexual é premiada com uma sensação de prazer. Nesse caso, a natureza não se utiliza da sensação de desconforto, mas de estímulos, cuja satisfação resulta em prazer. Portanto, a natureza garante sua perpetuação ligando as forças de geração e preservação à sensação de prazer. A geração de sensações como desconforto, prazer, bem como de inúmeras outras sensações e sentimentos processa-se no nosso cérebro por meio da ação e interação de vários neurotransmissores (moléculas químicas que realizam a comunicação entre os neurônios), sendo os principais para essas funções específicas a dopamina, serotonina e a noradrenalina.

Prazeres menos "vitais" dependem fortemente da experiência, da personalidade, de gostos, de hábitos etc. individuais e diferentes de pessoa a pessoa. Eles surgem, aumentam, diminuem ou desaparecem na vivência de situações, relacionamentos, hábitos, e outros condicionantes, e em função da presença de outros prazeres e desprazeres. Na sua intensidade, o prazer pode variar entre o simples sentir-se melhor e a felicidade sentida ao amar e ser amado. *Em última análise, todo empenho do homem que excede a satisfação das suas necessidades existenciais visa aumentar seu conforto e produzir novos prazeres.*

Por outro lado, o controle sobre os prazeres tanto passa por filtros culturais, morais e éticos, quanto depende de percepções, interpretações e juízos individuais. Esse controle manifesta-se pela recusa de experimentar um prazer, eventualmente parcial, em virtude da consciência de razões de que a satisfação do mesmo possa trazer consequências desvantajosas ou prejudiciais. Portanto, os estados de conforto, satisfação e prazer podem ser alcançados segundo as opções que uma vida normal – ou a natureza – nos oferece. Outra via de experimentá-los passa pela sua geração artificial, por meio do uso de substâncias psicoativas – as drogas – ou de condutas que produzem tais efeitos. *A droga funciona como um aditivo químico para artificialmente superar desconfortos ou turbinar confortos, satisfações e prazeres. Mas, além da dosagem adequada que as sensações naturalmente geradas pela química do nosso organismo nos proporcionam, as mesmas são gratuitas, sem nenhum ônus. Os efeitos produzidos pela drogas, porém, envolvem uma cadeia de custos que vai do preço da pedra de* crack *ao custo dos funerais.*

A dimensão histórica

Drogas são consumidas pelo homem desde as formas mais primitivas de sua civilização. Tão diferentes e diversos como as origens, os ambientes geográficos, as épocas históricas e os desenvolvimentos dessas civilizações, tão variadas são as drogas e seus modos de consumo desde seus primórdios até os dias atuais. O ópio, de uso difundido no Oriente desde o tempo dos Sumérios; o tabaco, conhecido entre as populações indígenas das Américas desde 6000 a.C.; a coca, com registros de consumo pelos povos andinos desde 500 a.C.; o consumo restrito e ritualista de álcool e tabaco entre os povos da África pré-colonial; o álcool, com consumo desde os primórdios da humanidade em quase todas as partes do mundo por resultar da fermentação natural de inúmeras substâncias orgânicas (aliás, também apreciado por alguns primatas, p. ex. os chipanzés), ao lado de outras drogas, como a maconha, alguns cogumelos, entre várias outras de menor expressão, fazem parte da história das civilizações.

Essencialmente, essas drogas continuam sendo consumidas até hoje. Os efeitos procurados nessas substâncias no seu contexto histórico compõem um espectro muito amplo: de incentivos bélicos, produzidos pelas drogas excitantes a estímulos religiosos, passando pelos efeitos alucinógenos, pela busca de bem-estar físico e psíquico, proporcionado pelos tranquilizantes e sedativos, de sensações meramente recreativas, providas pelo ópio e seus derivados, ou de cura de doenças, encontrada em muitas delas, além dos múltiplos efeitos buscados no álcool como droga onipresente. Portanto, parece que nada mudou desde a antiguidade! Parece. Na verdade, *algumas coisas mudaram com sérias consequências: o processo cada vez mais fácil de produção com extensas variantes de concentrações das substâncias ativas e a facilidade de acesso às mais diversas drogas como subproduto da globalização.*

Durante as últimas décadas, todo um sortimento de substâncias psicoativas sintéticas passou a enriquecer o cardápio de drogas. Drogas para todos os gostos e para todos os efeitos desejados estão disponíveis com bastante facilidade. Ecstasy, LSD, anfetaminas, ansiolíticos, solventes, entre outros, perfazem essa coleção.

Essa presença histórica das drogas nas culturas ao redor do mundo exige a discussão de dois aspectos centrais. O mais importante parece ser o da prevalência de uso. A extensa dimensão histórica do uso de drogas leva facilmente à dedução de que esse uso, e o daí decorrente abuso, também envolveram uma expressiva parte das respectivas populações. Cabe, no entanto, esclarecer que, embora em determinadas épocas e civilizações houvesse segmentos populacionais numericamente expressivos e de intenso consumo, principalmente de bebidas alcoólicas, ou da folha de coca, amplamente difundido entre os povos indígenas andinos, via de regra, os consumidores limitavam-se a porcentagens reduzidas da população em cada caso. *O que de fato mudou na postura coletiva perante as drogas nos tempos modernos é a significativa diminuição da idade de iniciação, um fenômeno que mais recentemente atinge graus preocupantes – até alarmantes.*

Outro aspecto nem sempre considerado na abordagem dos hábitos e costumes de uso de drogas sob o prisma histórico é o do exemplo constituído. Se, há tanto tempo, a humanidade convive com todas essas drogas, legal ou socialmente aceitas ou repudiadas, por que tanto barulho e tanta preocupação? Ainda mais se essa longa história prova que, por um lado, nunca foi possível erradicar seu uso entre a parcela consumidora de cada população e que, por outro, a humanidade como um todo nunca foi prejudicada sensivelmente. *Todas as sociedades conviveram, e continuam a conviver, com dramas individuais ou grupais causados por determinadas drogas; nenhuma, porém, sucumbiu aos seus efeitos.*

A dimensão social

Obviamente, o prejuízo existe, mesmo que não seja visível para grande parte das populações. Os danos coletivos e o custo social só conseguem ser avaliados mediante ferramentas estatísticas. Já os efeitos maléficos sobre os indivíduos atingidos tornam-se facilmente conhecíveis, principalmente para as pessoas de convívio mais imediato. Antigamente, uma convivência em maior ou menor distância com dramas pessoais eram a única forma pela qual as pessoas conseguiam conhecer essa realidade e ganhar uma noção mais qualitativa do que quantitativa do problema. *Hoje, a mídia, cujo êxito depende de IBOP e quotas de audiência e leitura, projeta a drogadependência com toda sua dureza, violência e sofrimento diretamente na sala de qualquer cidadão.* E isso com uma frequência e insistência que fazem as pessoas imaginar dimensões desproporcionais para o problema. Se, antigamente, o cidadão não tinha uma dimensão quantitativa e qualitativa dos efeitos causados pelas drogas por falta de informações de fora do seu mundo de vida cotidiana, hoje ganha uma visão distorcida para maior do que a realidade por causa do sensacionalismo praticado pela mídia.

Para poder atribuir grandezas reais ao uso e abuso de drogas precisamos distinguir entre os consumos social e funcional. O consumo social identifica-se pelo seu caráter eventual e diretamente ligado a eventos sociais formais e informais. Sua forma mais típica é a ingestão de bebidas alcoólicas em festas familiares, recepções ou numa *happy hour*. Se quisermos ser mais liberais, o eventual fumar de um cigarro de maconha (em raríssimas ocasiões) pode ser incluído nessa categoria de consumo.

Já *o consumo funcional* apresenta características bem distintas e um significado muito diferente. *É o consumo típico do usuário dependente para o qual a droga é o meio para atingir determinados efeitos psíquicos e físicos que ele incorporou em seu cotidiano (ou, pelo menos, têm grande significativo em sua vida, exigindo uma frequente presença).* É o álcool para fugir da realidade e esquecer os problemas do momento, ou simplesmente para interromper a síndrome de abstinência; é a cocaína para melhorar o pique; é a maconha para impulsionar a criatividade; é o *crack* para "entrar numa boa" mas também é a anfetamina para controlar o apetite, ou o *doping* em busca de uma medalha.

Considerando esses fatores encontramos hoje aproximadamente a seguinte situação na população de jovens e adultos do Brasil: em torno de 5% vivem em abstinência absoluta, temos em volta de 75% de consumidores sociais de álcool e cerca de 15% de usuários funcionais (5% dos quais em situação grave de saúde); os 35% de fumantes são praticamente todos consumidores funcionais; cerca de 5% da referida população são usuários funcionais de drogas proibidas, perfazendo seus usuários sociais cerca de um outro tanto[1].

Salvo raras exceções, os consumidores sociais conseguem conservar seu padrão de uso, por toda vida e, dessa maneira, não se constituem preocupação deste livro. Porém, *quando olhamos os consumidores funcionais* que, a partir de um determinado momento da evolução do seu consumo, tornar-se-ão problemáticos, *percebemos a necessidade indispensável de uma abordagem adequada.*

Embora a abordagem e discussão mais aprofundadas das causas do surgimento e do desenvolvimento de dependências não façam parte dos propósitos deste livro, uma compreensão geral da constelação dos aspectos formadores e contribuintes para a dependência química é necessária para posturas e decisões apropriadas e adequadas poderem ser adotadas diante da existência de problemas dessa natureza.

A dimensão individual

Na busca de explicações para o surgimento de uma dependência, ou para a identificação de fatores facilitadores desse surgimento, encontramos algumas respostas em precondições psicofísicas especificamente relacionadas a determinadas drogas. Como exemplos, vale citar que a hereditariedade da propensão à dependência do álcool é indiscutível diante dos inúmeros resultados positivos encontrados em pesquisas realizadas, p. ex. de filhos adotivos que não conheciam seus pais dependentes de álcool, mas desenvolveram o mesmo quadro. Também esclarecedoras para a existência de fatores condicionantes são pesquisas mais recentes, que revelaram que portadores de esquizofrenia encontram certo conforto em relação à sua patologia ao fazer uso da maconha, o que justifica que esses doentes, uma vez identificada essa sensação, tornam-se propensos ao seu consumo.

---

[1] Esses dados foram compilados e compostos de várias pesquisas e arredondados, uma prática perfeitamente justificável pelo fato das estatísticas levantadas sobre o uso de drogas não serem muito confiáveis pela própria natureza do comportamento do universo pesquisado.

De uma maneira geral, porém, as causas e o desenvolvimento da dependência química explicam-se pela escala uso → abuso → tolerância → dependência. Nos primeiros dois estágios – uso e abuso –, o processo pode sofrer os mais variados estímulos e influências a partir da constituição psíquica do próprio usuário, e dos meios sociais em que esse se encontra inserido. Mas atenção: *podem sofrer...*, não precisam sofrer! Em outras palavras, *a relação de causa e efeito na evolução para a dependência é uma possibilidade e não uma fatalidade,* conforme provam todas as pessoas que convivem com tentações e adversidade sem recorrer a recursos químicos em busca dos seus objetivos e da sua felicidade.

A dependência de drogas não se desenvolve de um dia para o outro. *Uma possível carreira de drogas é precedida de uma complexa trama de fatores causais que podem se encontrar na personalidade do usuário, no seu ambiente social e na força de atração ou disponibilidade da(s) droga(s),* conforme mostra o quadro a seguir:

Quadro 1 – Causas mais comuns na raiz da dependência de drogas:

Personalidade:
– a incapacidade de superar conflitos ou suportar decepções;
– baixa autoestima e autoconfiança, medo de fracassar, receio da não aceitação no grupo;
– dificuldades de lidar com sensações como tédio, raiva, solidão.

Ambiente social (ver também quadro 7):
– dificuldades no convívio com a família, no trabalho, ou na escola;
– separação (perda) de pessoas amadas;
– pouca dedicação de afeto;
– expectativas excessivas à capacidade produtiva;
– falta de perspectivas para o futuro.

Força de atração ou disponibilidade de drogas:
– oferta e fácil disponibilidade podem estimular a aceitação;
– as drogas podem produzir sensações agradáveis e mascarar sensações desagradáveis, ou torná-las suportáveis.

Sempre haverá um uso inicial, essencialmente por curiosidade ou influência social e esse uso inicial pode resultar, conforme a pessoa, numa experiência agradável ou desagradável. Neste último caso, não existe motivo para maiores preocupações, salvo se uma nova experiência em algum momento futuro produza um efeito contrário, ou no caso de uma pressão social forçar a insistência na experiência. Entretanto, a sensação agradável experimentada facilita, ou até induz, uma repetição, assim dando início ao consumo social. De qualquer maneira, *sempre é preciso ter em mente que o usuário de qualquer droga, ou o praticante de qualquer conduta dependente, sempre fez duas opções: a primeira ao atender à sua curiosidade ou à indução, e a segunda ao repetir a experiência!*

Se, dependendo da idade e do grau de maturidade do protagonista, a primeira opção é relativamente inocente, a segunda, certamente, envolve um determinado grau de responsabilidade. O uso social, conforme já vimos, é essencialmente inofensivo enquanto esse padrão prevalecer, mesmo que em raras ocasiões ocorra um excesso, como um episódio de embriaguez acidental. Os limites do uso social são muitas vezes estabelecidos pelo próprio organismo da pessoa, cuja intolerância se revela na forma de um posterior mal-estar físico e psíquico, dores de cabeça ou até vômito; dessa maneira constituindo uma proteção natural contra excessos.

No caso da combinação do uso social com a inexistência dessa barreira de proteção, vários fatores podem levar a um uso excessivo e frequente. Um padrão de vida com muitos *momentos festivos* ou simplesmente uma *vida desregrada*, ou, ainda, o *tédio*, talvez por falta de um lazer adequado, a exposição a repetidos *desafios ou competições sociais ou profissionais*, mas também uma incontrolável *fuga* para a droga em busca de escapar de uma situação adversa *podem transformar o frequente uso excessivo em hábito – em abuso.*

Esse abuso é o ponto de partida para posteriores estágios do desenvolvimento da drogadependência:
– *compulsão psicológica;*
– *dependência física;*
– *patologia somática.*

O primeiro estágio de desenvolvimento da drogadependência *caracteriza-se pelo surgimento da síndrome da dependência psíquica do respectivo produto e a redução dos efeitos produzidos pelo uso repetitivo.* A dependência psíquica manifesta-se pela necessidade consciente ou inconsciente do uso da substância psicoativa com a finalidade, por exemplo, de provocar a diminuição de um *stress* psíquico ou de atingir um estado de conforto psíquico. Nesse estágio do desenvolvimento da drogadependência, como também durante todo o processo de desenvolvimento da doença, surge uma elevação dos níveis de *tolerância*, ou seja, da capacidade de absorção da droga, numa adaptação do organismo a doses crescentemente maiores. Em decorrência disso, *o usuário compulsivo precisa consumir quantidades cada vez maiores para conseguir os mesmos efeitos.*

O segundo estágio do desenvolvimento da drogadependência é marcado pela dependência física, que, no entanto, é ausente ou pouco expressiva em algumas substâncias psicoativas (p. ex. maconha, cocaína). A dependência física deve ser compreendida como um estado de adaptação caracterizado por *fortes perturbações físicas: o organismo adapta-se cada vez mais à presença da substância psicoativa* que, por assim dizer, insinua-se no metabolismo, fazendo com que a falta da droga leve a várias perturbações funcionais, no seu conjunto conhecidas como síndrome de abstinência. Essa síndrome constitui um complexo de perturbações psicopatológicas, vegetativas, neurológicas e somáticas. As formas e o grau da síndrome de abstinência dependem da própria droga, da dose e da duração do seu consumo, como das condições e características do organismo do usuário. Independentemente da modalidade da drogadependência, as seguintes manifestações são características: pupilas aumentadas, estados febris, bocejos, angústia, tremores, insônia, agitação, inquietação e depressão.

No terceiro estágio do desenvolvimento, a patologia somática, *o consumo da substância não mais provoca os efeitos originalmente conhecidos e buscados,* ou seja, ele destina-se apenas à eliminação das manifestações da síndrome de abstinência. Ao lado dos danos psíquicos, como perturbações emocionais e da vontade (apatia, fraqueza, astenia, inércia) o consumo prolongado e intensivo da droga (mesmo sem dependência física) produz também problemas somáticos, como degeneração do músculo cardíaco e de outros órgãos, alterações atrofiantes dos órgãos sexuais, alterações no sistema nervoso central (perturbações na estrutura das células nervosas, especialmente dos neurônios da meninge). *Os danos causados podem agravar o estado geral do usuário a ponto de provocar sua morte, principalmente em conexão com a degeneração total do músculo cardíaco, nefropatias, hepatite, infecções.*

De acordo com a definição de 1965 da Organização Mundial de Saúde (OMS), *"a drogadependência é um estado de dependência psíquica e física de uma droga lícita ou ilícita com efeitos sobre o sistema nervoso central que fica particularizado pelo consumo periódico ou constantemente repetido dessa substância e cujas características variam de acordo com a droga consumida".* Além disso, a OMS diferencia entre a dependência psíquica e física conforme já foi descrito anteriormente.

Um aspecto mais recentemente surgido com relação à drogadependência é a *idade gradativamente decrescente com que jovens e adolescentes se iniciam no uso das mais diversas drogas;* mas acima de tudo, no álcool. A iniciação e o uso social com idade mais precoce levam também a que um eventual abuso se registre no usuário com uma idade relativamente baixa. Com isso, os resultados desse comportamento atingem esse jovem numa época em que seu amadurecimento físico e mental ainda não está concluído. *Isso tem por consequência que déficits na formação, deixados pelo uso e abuso precoce de alguma droga, não serão complementadas depois da conclusão do processo de amadurecimento, passando a constituir-se em deficiências permanentes.*

Resumindo, encontramos os seguintes quadros 2 a 4 relativos à drogadependência:

Quadro 2 – Problemas de abuso e dependência de drogas para o usuário:

Como consequências de episódios isolados ou raros:
– prejuízos de curta duração nas ações e no autocontrole;
– agressividade em palavras e atos;
– risco aumentado de envolvimento em acidentes;
– prejuízos de curta duração na capacidade de trabalho;
– maior debilidade perante ações externas, p. ex.: condições climáticas (resfriados);
– prejuízos físicos, como intoxicação aguda;
– prejuízos sociais com consequência de excessos (p. ex.: multas, medidas disciplinares).

Como consequências de episódios frequentes e duradouros:
– aparecimento de quadros clínicos e o agravamento daqueles já existentes;
– subalimentação;
– prejuízos prolongados nas ações e no autocontrole;
– sensível aumento do risco de envolvimento em acidentes;
– sensível prejuízo na capacidade de trabalho;
– prejuízos sociais frequentes e consideráveis como consequência de atos proibidos ou ofensivos;
– sexo e paternidade/maternidade precoces;
– danos à personalidade e corrupção de valores éticos e morais.

Como prováveis efeitos colaterais:
– possíveis perdas de amigos, oportunidades profissionais, da família, saúde, do sustento econômico e espaço vital.

Quadro 3 – Problemas de abuso e dependência de drogas para a família do usuário:

– brigas matrimoniais;
– desagregação familiar;
– separações e divórcios;
– maus-tratos ao cônjuge e/ou aos filhos;
– desvios no desenvolvimento psíquico e social do cônjuge e/ou dos filhos;
– problemas escolares e de formação dos filhos;
– constituição do mau exemplo com indução do cônjuge e/ou dos filhos ao consumo de drogas;
– criminalidade juvenil como expressão de desagregação familiar;
– negligências das obrigações educativas e do sustento da família;
– subtração do patrimônio familiar;
– danos ao feto como consequência de consumo de drogas pela mãe durante a gravidez.

Quadro 4 – Problemas de abuso e dependência de drogas para a sociedade:

– prejuízo à ordem e segurança públicas por comportamento indevido ou proibido;
– prejuízo ao processo produtivo por redução de produtividade e aumento de acidentes do trabalho;
– aumento do risco de acidentes para terceiros e de danos ao patrimônio;
– prejuízo à liberdade e dignidade humana;
– consequências sobre a vida e saúde de terceiros;
– delitos contra a propriedade social e pessoal de terceiros;
– agressões à segurança e ordem social;
– prejuízos a medidas governamentais (administrativas);
– riscos na área criminal pelo comportamento antissocial;
– utilização de trabalho e custos de serviços de saúde, sociais, assistenciais e de justiça pelo usuário, sua família e terceiros;
– prejuízos socioeconômicos;
– invalidez e morte precoce.

3. A dependência

Uma palavra inicial:
Ouvem-se com muita frequência os termos vício e viciado. Os mesmos deveriam ser rigorosamente evitados quando nos referimos a pessoas portadoras de alguma dependência. A razão é simples e clara: as palavras '*vício*' e '*viciado*' ou '*viciada*', possuem uma forte conotação moral. Elas deixam transparecer uma postura moralmente criticável e reprimível, o que, de certa maneira, equivale a uma não aceitação ou exclusão. Há ali, na verdade, uma inversão entre causa e efeito. Normalmente, a pessoa ingressa no consumo de drogas por curiosidade ou indução, não por falta de princípios morais. Os atos amorais ou aéticos posteriormente cometidos por causa da sua drogadição não são causa, mas resultado da mesma. Não se pode negar que geralmente existe uma perda de padrões e valores morais; porém, como veremos adiante, a dependência química é uma doença e, dessa maneira, os aspectos morais deveriam ser vistos como uma consequência comportamental causada pela doença. Principalmente, porque essa categorização obviamente dificulta qualquer abertura ou atração para um diálogo sobre o problema.

Uma doença grave

Existem dependências relacionadas a substâncias e a atitudes ou comportamentos. No primeiro caso, temos uma necessidade ou busca compulsiva por uma substância, por exemplo, álcool, nicotina, medicamentos ou drogas ilegais, e, no segundo, essa compulsão é por atos ou atividades, como jogos de azar, jogos de computador, sexo ou compras, mas também o trabalho. Em ambos, os casos encontramos na essência um uso ou consumo que proporciona prazer ou evita desprazer e frustração, ou suplanta problemas.

Uma dependência pode se manifestar fisicamente no caso de algumas substâncias psicoativas mas sempre desenvolver-se-á psiquicamente. A dependência física caracteriza-se pela necessidade e busca intensa, quase insuperável – por isso chamada de compulsão – de consumir uma determinada substância (p. ex.: álcool) ou de envolver-se compulsivamente em alguma ação (p. ex.: jogar por dinheiro). Esse comportamento compulsivo desenvolve-se geralmente quando, em determinadas situações, alguma coisa é habitualmente feita ou consumida durante certo período de tempo. Quando, repentinamente, esse processo é interrompido, a cabeça reage: surgem sentimentos de um vazio, tristeza, frustração, depressão ou inquietação e nervosismo. A vida parece não ser possível de ser vivida sem uma realimentação da dependência – sem a droga, sem a prática do jogo de bingo, por exemplo.

Toda dependência está intimamente ligada à psique da pessoa: *a droga ou a conduta dependente parece dar sentido à vida, proporcionando prazer ou fazendo a pessoa esquecer as dificuldades e os problemas da vida.* Obviamente, os prazeres são extremamente transitórios e sem qualquer base vivencial e as condutas dependentes nunca são soluções para problemas ou preocupações; mas sustentam o círculo vicioso de compulsão e satisfação, que é extremamente difícil de romper.

No desenvolvimento desse processo, forma-se a dependência física. *A mente condiciona-se ao alívio da compulsão atendida e o corpo habitua-se ao consumo regular da respectiva substância psicoativa* (drogas lícitas ou ilícitas, e mesmo medicamentos). Uma interrupção no consumo causará manifestações de abstinência, também chamadas de síndrome de abstinência, que incluem angústia, tremores, dores de cabeça, sudorese, enjoos, vômitos, diarreia, insônia etc. A dependência física só se desenvolve em relação a substâncias introduzidas no organismo, ou seja, consumidas. Na prática, ela está em proporção direta com a intensidade do consumo, com relação ao tempo e à quantidade, e desenvolve-se paralelamente a uma dependência psíquica. Para superá-la, pode haver necessidade de ajuda com recursos médicos dentro de um programa de desintoxicação.

As causas

Neste ponto, surgem invariavelmente as perguntas sobre as causas e origens de uma dependência. E, conhecer os aspectos nas suas raízes é importante para compreendê-la e, assim, poder lidar com ela. *A dependência tem muitas causas e ela surge mais ou menos lentamente.* Invariavelmente, ela é precedida por um período relativamente longo de abuso progressivo, ou uso excessivo, de alguma substância (por exemplo, álcool ou nicotina) ou a prática abusiva de alguma atividade (por exemplo, jogos de azar). A velocidade de desenvolvimento da dependência depende, entre outros fatores, do potencial que determinado produto tem para provocá-la. Mas, principalmente em decorrência da capacidade individual de cada um de metabolizar e absorver a respectiva droga; abuso é algo muito subjetivo e a velocidade do seu desenvolvimento para a dependência varia de pessoa para pessoa. Isso pode até alimentar ilusões de "imunidade" em algumas pessoas.

Na *origem do consumo abusivo de uma substância psicoativa* ou da prática abusiva de alguma atividade com potencial para desenvolver uma dependência, podem ser encontradas uma ou mais *cargas psíquicas excessivas, clamando por alívio,* ao lado de predisposições genéticas. Essas cargas podem residir em baixos níveis – ou até na absoluta falta – de autoestima e autoconfiança, numa autoimagem distorcida, podem provir de problemas de desentendimento ou incompatibilidade com os pais ou parceiros, de pressões econômicas/financeiras, ou simplesmente podem estar relacionados às mudanças típicas da adolescência e da puberdade. Em muitos adultos de meia-idade observam-se situações de *stress no trabalho,* de *mudança de emprego ou desemprego,* ou de *vazio deixado pela saída dos filhos de casa* (a chamada síndrome do ninho vazio) no início de abusos mais ou menos habituais. Pessoas mais idosas começam mais frequentemente praticar abusos em consequência da *aposentadoria,* quando não encontram alguma atividade de compensação ou objetivo de vida, ou da *perda do cônjuge ou parceiro.* Muitas vezes, a pessoa aceita conscientemente essa prática ou esse consumo abusivo para si como forma de entorpecimento e mecanismo de esquecimento, pensando em abandoná-lo mais tarde, o que, geralmente, não consegue.

Não apenas sobrecargas de ordem psíquica, todavia, são responsáveis para o surgimento e o desenvolvimento de uma dependência. Como já foi mencionado anteriormente, *predisposições genéticas podem ter um papel importante* nessa constelação de fatores ao lado da forma como uma pessoa consegue lidar com seu ambiente social, e nos recursos e nos potenciais de que cada um dispõe para lidar adequadamente com os problemas do seu cotidiano e com as expectativas e os desafios que lhe são colocados.

Algumas diferenças nas causas e nos modos de consumo abusivo – ou de condutas dependentes – podem ser percebidos *entre homens e mulheres.* Em geral, o comportamento de moças e mulheres tende a ser mais discreto e em ambientes mais reservados. Elas optam mais pelo consumo de medicamentos, ou então de drogas mais suaves e de bebidas de concentração alcoólica mais baixa. Seus objetivos são muitas vezes os de melhorar sua adaptação às exigências sociais, buscar efeitos calmantes e atender melhor às expectativas em torno da sua feminilidade.

Por outro lado, *jovens do sexo masculino e homens apresentam um comportamento mais ostensivo.* Seu consumo de álcool, por exemplo, é mais habitual e até demonstrativo, e, nas ocasiões de consumo, frequentemente é excessivo até provocar a embriaguez, além de preferirem dosagens alcoólicas mais elevadas. No caso de outras drogas, também preferem as mais 'pesadas'. Seu consumo objetiva criar a aparência de força, autoconfiança e domínio da situação, bem como atender melhor às expectativas características de sua masculinidade.

Uma vez iniciado o comportamento ou consumo abusivo, a possibilidade do mesmo desembocar numa dependência é real e as chances de acontecer isso não são extremamente elevadas. Essa evolução é lenta; mas, inexoravelmente, progressiva. É um avanço insidioso e que apresenta uma série de características bem definidas nos respectivos estágios.

O foco deste trabalho não é o estudo das dependências e seus vários desdobramentos, mas a discussão das posturas e atitudes que as dependências exigem das pessoas indiretamente envolvidas, e obrigadas a assumir um papel adequado diante desse problema. Assim, as principais características e a evolução das dependências químicas podem ser encontradas no Anexo 1 – *A carreira da dependência – da entrada a uma possível saída da mesma.*

4. As trancas na porta

Prevenção, prevenção, prevenção

As trancas na porta de entrada que devem impedir a entrada de drogas não são cães vigilantes nem detectores eletrônicos – chamam-se prevenção, prevenção, prevenção. Quando falamos em prevenção de drogas precisamos distinguir entre:
– *prevenção primária,* cujo objetivo é a evitação do consumo de drogas, ou seja, a prevenção como ela é popularmente compreendida;
– *prevenção secundária,* que envolve o processo de identificação, encaminhamento e recuperação de dependentes; e
– *prevenção terciária,* cuja finalidade é a de impedir um retorno ao consumo, geralmente conhecido como recaída.

Embora não seja propósito deste livro tratar detalhadamente da prevenção primária[2], alguns aspectos devem ser considerados para possibilitar uma melhor compreensão das realidades que exigem posturas e medidas no campo das prevenções secundária e terciária.

Em primeiro lugar é preciso saber que *o exemplo dos pais é essencial; mas não basta.* O simples fato dos pais serem apenas consumidores sociais de drogas lícitas (álcool e tabaco), ou, eventualmente,

---

[2] Outra obra do mesmo autor trata em profundidade desse assunto; ver Rehfeldt, Klaus H. G. *Eu Gosto de Mim!* Rehfeldt, Blumenau, 2006. Veja um resumo da obra no anexo 2 deste livro.

fazerem parte do reduzido número de pessoas totalmente abstêmias, pode ser um referencial marcante; contudo, não é necessariamente motivo suficiente para convencer os filhos a não se envolver no uso de algum tipo de droga. Principalmente com relação às drogas ilícitas, a abstenção dos pais pode ser vista e explicada pelos filhos com a falta de oportunidade na época em que seus pais eram jovens e essas drogas não eram tão difundidas como na atualidade, levando facilmente à argumentação: "Eles não conhecem, então também não podem falar!"

Não existe pai, nem mãe, nem filho perfeito, ou seja, não existe a família perfeita. Não há nada de errado nisso, já que aprendemos muito mais com os nossos erros do que com os acertos. O que, no entanto, deve existir diante dessas imperfeições é a *família honesta e sincera, capaz de admitir seus erros e deles tirar suas lições*. Assim, além do exemplo, positivo e negativo, sem dúvida, fundamental na constituição de referenciais e modelos, é preciso desenvolver e fortalecer os valores éticos e morais, de autoestima e autoconfiança, e de responsabilidade desde o início da infância. A grande confissão, o grande *mea-culpa* depois da constatação do desvio comportamental do filho é sempre a mesma: "eu devia ter conversado mais com meu filho, vivido mais perto dele ..." – *Não é necessariamente o conhecimento sobre as drogas, mas são os valores que a criança e o adolescente construíram dentro de si que orientam sua decisão na hora da confrontação com as mesmas.*

Outro aspecto é o fato que para aproximadamente metade das crianças e dos adolescentes *a proibição não é levada a sério na medida em que os pais o esperam,* e, assim, não produz os efeitos desejados[3]. Além das explicações conhecidas como a da tentação exercida pelo "fruto proibido", ou o simples desafio de poder provar o contrário, existe outra: a relativização da proibição à idade, como é percebida pela criança e pelo adolescente. Trata-se de um fenômeno que, geralmente, passa despercebido; mas muitas proibições têm para a criança uma dimensão diferente daquela que lhe é atribuída

---

[3] Conforme resultado obtido na pesquisa realizada pelo autor dentro do projeto "Clareza" (ver livro *"Eu Gosto de Mim"*! – Nota 2).

pelo adulto. Esse aprendeu a conviver com a proibição como uma imposição constante e permanente na sua vida (p. ex.: é proibido dirigir alcoolizado). A criança, porém, entende a proibição a ela imposta como uma limitação ou restrição transitória e vinculada à sua idade (p. ex.: a proibição de brincar com fósforos até o dia em que a mãe pede à filha ascender o fogão para ferver o leite). Toda proibição explicada com o argumento "você ainda é muito pequena" revela a ela o caráter temporário desse impedimento. Portanto, *a proibição como forma de prevenção é uma ferramenta de efeito certamente ineficaz.* Somente uma argumentação objetiva e honesta garante um resultado promissor.

Em segundo lugar, existe um fator, que não costuma ser devidamente considerado com relação às precondições para uma possível dependência futura: especificamente com relação à dependência do álcool foi possível provar que *a predisposição à dependência pode passar dos pais* (ou tios ou avós) *para os filhos.* Entretanto, que fique bem entendido, não se trata da hereditariedade pura e simples da dependência, mas da predisposição, ou seja, das condições físicas e psíquicas que permitem e favorecem o surgimento e o desenvolvimento da doença. Isso significa que se há registro de dependentes de álcool na parte consanguínea da família, isso deve servir de alerta extra. No que essa predisposição se refere à estrutura e ao funcionamento cerebral, há indícios que ela possa existir igualmente com relação a outras substâncias psicoativas; porém, os estudos nesse sentido ainda não são conclusivos da maneira como ficou evidenciado com o álcool.

Todas as portas possuem trancas com o propósito de oferecer segurança maior ou menor conforme sua qualidade. Na prática, contudo, a maioria das trancas é violável – também as trancas que procuram impedir a entrada das drogas. *Não basta simplesmente instalar a tranca,* não basta criar e desenvolver valores positivos, como autoestima, autoconfiança, senso de responsabilidade e outros mais, nos filhos, e, em determinado momento, informá-los e esclarecê-los sobre drogas; muito menos basta transferir essas tarefas para a escola para que essa faça sua parte nesse sentido. *É necessário, de vez em quando, examinar e lubrificar as trancas – é preciso rever e reforçar constantemente os valores e os conhecimentos específicos dos filhos sobre o assunto. A boa qualidade da tranca irá se revelar no momento em que o filho decide dizer "NÃO" diante da possibilidade de consumir alguma droga!*

Não existem medidas preventivas seguras contra as drogas. Porém, quando se deseja evitar que o jovem procure, ou se deixe atrair por um ambiente de risco, seria sensato observar as seguintes regras de comportamento:

Quadro 5 – Atitudes e posturas preventivas:

– na fase da adolescência, educar significa também ser solidário na superação de conflitos;
– fazer referências ao tema drogas e dialogar sobre as mesmas sempre que surgir uma oportunidade;
– não rejeitar ou tratar com desdém argumentos dos jovens, mesmo quando são de difícil compreensão ou aceitação;
– facilitar a discussão sobre assuntos como medo, autoconfiança, auto-estima, felicidade, visões do futuro, responsabilidade etc.;
– ser cautelosos e ponderar as consequências ao fazer juízos de valores;
– mostrar compreensão para as inseguranças, agressividades, medos e aflições de adolescentes;
– depositar confiança no jovem (em lugar da proibição, pedir propostas);
– acompanhar o jovem, às vezes (e desde que ele consinta), ao seu mundo, seja nas suas atividades ou paixões esportivas, seja num festival de *rock*;
– respeitar; mas observar o espaço privativo do jovem;
– definir claramente, e reajustar constantemente, o espaço e os limites para as decisões do próprio jovem e as respectivas responsabilidades.

As prevenções secundária e terciária, pela sua própria natureza e como tema central deste livro, serão abordadas detalhadamente e sob vários ângulos, especialmente em seus aspectos práticos, nos próximos capítulos.

5. "É um assalto!" – A tranca não funcionou

A droga invade a casa

Quase sempre, *tudo começa com suspeitas*. Suspeitas que, muitas vezes, não são, sequer, compartilhadas com o próprio cônjuge quando recaem sobre um filho ou uma filha por receio de poderem ser falsas ou de provocar uma reação inesperada ou inadequada. Nessas circunstâncias, *a família tende a tentar se iludir* e procurar as mais diversas justificativas para não precisar admitir a possibilidade de um envolvimento com drogas. Aperfeiçoa-se o jogo em que o usuário simula normalidade e o resto da família faz de conta que nada vê e nada sabe. Essa situação fica especialmente favorecida quando o suspeito é um adolescente e, em virtude das mudanças normais nessa fase de vida, alterações comportamentais admitem uma série de explicações fora do âmbito da drogadicção. Muitas vezes, *é preciso ter uma grande dose de coragem para assumir uma nova realidade com a presença de drogas*. A seguir, os indícios principais para um possível consumo funcional de drogas:

Quadro 6 – Principais indícios para o consumo funcional de drogas:
– fortes oscilações sentimentais e emocionais; – acentuado desleixo com a roupa e a aparência; – perda de apetite; – desrespeito às normas e oposição à disciplina; – mudanças no círculo de amigos; – isolamento voluntário da família; – pequenos roubos, frequentes pedidos de empréstimo, falta de dinheiro; – perda de todos os interesses e inatividade.

Algo parecido observa-se frequentemente com o alcoolismo. Como o processo de dependência desenvolve-se muito lentamente, as mudanças comportamentais e os efeitos sociais e econômicos, os mais visíveis e perceptíveis, processam-se e revelam-se no mesmo ritmo. Além disso, diante da confrontação pela família com as consequências do padrão de consumo, *o dependente de álcool consegue – em geral, com muita habilidade – manipular (e enganar) as pessoas, fazendo promessas, simulando redução de consumo e assegurando seu controle sobre a situação.* E, diante da falta de informação, a família acaba alimentando novas esperanças – até a próxima decepção.

Os sinais indicativos de um consumo funcional são muito parecidos com os do Quadro 5, somando-se a eles um elevado risco de se envolver em acidentes (como causador ou vítima)[4], uma gradativa redução da capacidade de trabalho (especialmente quando esse exige concentração e precisão) e uma debilitação nas condições gerais de saúde. *É importante notar que, em caso de suspeita de consumo excessivo ou funcional, a tolerância da família é muito menor em relação ao consumidor feminino do que ao masculino.*

Com respeito aos filhos, todos os pais acham que fizerem o necessário – e geralmente fizeram de fato tudo que sabiam fazer – para impedir que as drogas, ou os problemas decorrentes do seu uso inadequado ou indevido, invadissem sua casa; que as drogas e seus transtornos não passem da casa do vizinho – enfim, que as trancas em suas portas lhes garantam a tranquilidade esperada. Até que um dia ...

"Se me perguntarem por que comecei, minha resposta é simples e nada sensacional: 'Não sei.' Talvez começou com os primeiros cigarros que meu amigo Cuca, que era uma espécie de líder da nossa turma e quem eu admirava bastante pela sua coragem, às vezes me oferecia quando tínhamos 12 anos. Eu sabia que ele também fumava maconha, mas nunca me oferecia, só ao Zé – os dois sempre andavam juntos – e aprontavam juntos. Já mais tar-

---

[4] De acordo com várias estatísticas, cerca de 60% de todos os acidentes domésticos, de trabalho e de trânsito apresentam a presença de álcool no causador ou na vítima.

de, numa festa de São João na escola, o Zé – eu não gostava muito dele – trouxe escondido, dentro de uma garrafa de refrigerante, cachaça que, sentados atrás do ginásio de esporte bebemos com mais alguns colegas. No meio da história, o Zé tirou um baseado, acendeu e passou em volta. Ninguém recusou e cada um deu uma tragada... Eu sei que para alguns foi a primeira e última, para mim, foi apenas a primeira. Eu continuava não gostando do Zé, mas comecei a gostar dos seus baseados, que ele começou a cobrar. Não demorou muito e toda minha mesada ia direto para o Zé. Não demorou, também, para entrar no *crack*. Minha vida virou um inferno. (...) Eu sendo filho único, meus pais, coitados, achavam que meu comportamento e minha aparência eram consequências normais, e transitórias, da adolescência. Além disso achavam, que tinham me alertado suficientemente sobre drogas e outros riscos da adolescência. (...) Toda a história estourou quando combinei com os caras que me vendiam a droga, aliás, eles combinaram comigo, "simular" um assalto à nossa casa para apenas roubar um aparelho de vídeo e assim saldar minhas dívidas feitas com as compras de droga. Não simularam; com a minha ajuda fizeram um assalto e praticamente limparam a casa. A polícia descobriu o golpe. Felizmente, porque foi o fim da minha vida com a droga. Durante três anos passei por vários internamentos que, entre fracassos e sucessos temporários, resultaram finalmente no meu retorno a uma vida normal. Faz três meses que passei no vestibular para engenharia da produção." J. L. (20 anos)

"Doses excessivas de bebidas alcoólicas nunca me causaram maiores problemas. A mudança do meu padrão de consumo social para um consumo funcional deu-se de maneira progressiva e imperceptível. Nessa época, houve, de fato, um conjunto de condições e circunstâncias que favoreceram essa mudança sem que eu identificasse as conexões que levaram a isso. Simplesmente por uma combinação de despreocupação e desconhecimento. Como, naquele tempo, eu ganhava relativamente bem também não conseguia perceber qualquer relação entre meu padrão de beber e eventuais prejuízos materiais daí decorrentes. Talvez também faltassem os amigos para me alertar, embora isso tenha sua explicação: durante todo o tempo do meu consumo excessivo de álcool houve apenas raríssimos episódios de embriaguez.

Assim, com uma única exceção de uma queda perfeitamente evitável, não sofri acidentes. Consciente da importância do meu trabalho, eu conseguia controlar-me no sentido de evitar consumos excessivos em poucos espaços de tempo, em compensação, a distribuição do consumo sobre o dia começava cada vez mais cedo (por fim, já às 6 horas da manhã) e só terminava antes de dormir. Mas, ao mesmo tempo, já era impossível imaginar o dia seguinte sem bebida. (...) Uma última demissão de um bom emprego e a momentânea percepção do desespero da minha situação, com a família em desestruturação, a saúde em risco e substanciais perdas materiais, redundaram num internamento e uma recuperação muito sofrida, mas bem-sucedida." K. R. (73 anos)[5]

A tranca não funcionou – a casa foi tomada de assalto. No primeiro caso, envolveu um filho supostamente bem protegido no seu lar; no segundo, um pai, que inicialmente não percebeu e depois acabou se enganando com sua própria situação.

Não há nada de extraordinário nessas histórias – elas existem às milhares, em infinitas variantes; mas com a mesma essência. *No início dos problemas, encontramos invariavelmente curiosidade, despreocupação, sensações agradáveis, facilidade de obtenção do produto, eventualmente a influência de terceiros, a busca de aceitação, a necessidade de autoafirmação ou a simples fuga de problemas.*

Podemos impedir essa invasão?

Sabidamente existem circunstâncias condicionantes que favorecem tanto um primeiro contato com a respectiva droga – em geral o álcool ou o fumo – quanto uma posterior recorrência à mesma ou a outras drogas. São os defeitos ocasionais ou permanentes nas trancas. Conforme se pode abstrair de várias pesquisas, inclusive aquela feita pelo autor no mencionado projeto "Clareza", *os primeiros contatos com alguma droga são feitos desde os 10 anos de idade*

---

5 Nos depoimentos, foram suprimidos alguns trechos relativos ao desenvolvimento da dependência, uma vez que não se relacionam diretamente com o tópico aqui em discussão.

(com casos mais raros antes dessa idade). Na maioria dos casos de iniciação com a droga nessa população infanto-juvenil, a mesma coincide mais ou menos com a entrada na adolescência, quando esses jovens são confrontados com uma multiplicidade de fenômenos e desafios próprios dessa fase da vida. Uma crescente autonomia em relação à família, primeiras experiências com relações sexuais, responsabilidades relativas à sua formação, enfim, o processo de encontrar e desenvolver a própria identidade.

As investigações de causas e efeitos realizadas com dependentes de drogas revelaram dois caminhos de ingresso no consumo de drogas. Um é a *mera curiosidade à qual se soma a despreocupada sensação de prazer transitório proporcionado pela droga e que convida para a repetição.*

No segundo, *existe uma relação bastante estreita entre o uso funcional de drogas e os fracassos experimentados em maior ou menor grau na confrontação e na superação desses novos desafios nas suas vidas.* Muitas vezes, esses adolescentes não dispõem das necessárias competências, dos recursos apropriados de ação e de métodos adequados para a solução dos problemas específicos da sua idade. Não conseguiram adquiri-los por causa de carências ou perturbações sofridas durante seu desenvolvimento infantil – e muitas vezes já houve uma convivência ou identificação anterior como colegas problemáticos. São crianças que vivenciam ou percebem sua infância como um período repleto de crises existenciais e emocionais. Elas não conseguem corresponder de maneira apropriada às exigências que lhes são impostas, não encontram respostas e saídas para seus problemas, fracassam na escola, não conseguem uma formação profissional e acabam derrotados pelo insucesso de planos reais ou irreais, ou de objetivos concretos ou ilusórios. Baseados nessas experiências, os posteriores dependentes percebem-se como fracassados, sentem-se incapazes e desamparados, acabando por desenvolver uma autoimagem negativa.

Muitas vezes, a droga é usada, de forma social ou funcional, como resposta às cargas emocionais produzidas pelas situações acima. Ela é consumida com o objetivo de promover os efeitos de uma *autoconsolação e de conforto emocional, de superar as frustrações resultantes dos fracassos experimentados* na solução de problemas e da *falta de reconhecimento* pelos outros, e de *sufocar pensamentos depressivos* e de *autodepreciação*, bem como outras emoções dolorosas. Outros efeitos buscados pelo consumo da droga são os da diminuição das contradições não resolvidas entre as percepções subjetivas e a realidade concreta. Mas, acima de tudo, as drogas permitem *driblar as cargas emocionais vivenciadas, tirar os problemas do foco do momento e mudar sua perspectiva, e fugir de desafios que podem resultar em fracasso*. Da mesma forma, a sensação de *abandono familiar e social* pode levar o jovem ao uso de drogas como mecanismo para chamar a atenção para sua pessoa e sua situação desesperadora.

Outros fatores que podem se encontrar na origem de um consumo funcional e uma posterior dependência de drogas são, além da simples curiosidade, a sede por estímulos e o desejo de uma expansão da consciência, ou, ainda, a busca por experiências extrassensoriais. Mas também se encontram aí configurações psicológicas mais complexas como a *ausência de relacionamentos satisfatórios* com outras pessoas da mesma idade, *fracassos em parcerias amorosas ou sexuais*, e a *falta de autoconfiança na identidade sexual*, provocando temores de fracasso. Ainda devem ser mencionados como possíveis causas para esse consumo a compensação pela falta de episódios de sucesso e a tentativa de levar agitação para uma vida emocionalmente empobrecida.

Pessoas já dependentes de drogas revelam, muitas vezes, um reduzido grau de autodiferenciação e uma autopercepção bastante difusa. Isso mostra que *não conseguiram individualizar-se, formar um ego suficientemente forte e, dessa maneira, constituir sua autonomia*. Outros fenômenos observados com menor frequência são o redirecionamento contra si mesmo da raiva sentida contra outras pessoas (p. ex.: os pais), resultando em autoagressão (por meio da própria droga) e, em casos extremos, em suicídio. Na direção oposta, alguns dependentes experimentam o uso de drogas como únicos momentos de controle sobre a própria vida.

As causas para tais desvios de percepção e interpretação da própria vida e da dos outros residem frequentemente na família do jovem. O quadro a seguir relaciona as principais:

Quadro 7 – Causas familiares na origem do uso funcional de drogas:

– ausência ou insuficiência dos processos de comunicação intrafamiliar;
– falta de honestidade e sinceridade nas relações intrafamiliares, especialmente com relação ao consumo de drogas, em geral lícitas (álcool, tabaco, medicamento), pelos pais;
– vida familiar superficial;
– substituição de calor humano por satisfações materiais;
– relações paternas perturbadas ou rompidas, envolvendo a disputa de simpatia ou de guarda dos filhos;
– o desequilíbrio de poder de decisão entre os pais, envolvendo os filhos como esforço na disputa de poder;
– relações preferenciais e simbióticas entre pai ou mãe e um ou vários entre todos os filhos;
– temores injustificados de separação entre pais e filhos (antecipação do sentimento do ninho vazio);
– a percepção de problemas com membros da família como fator de consolidação das relações intrafamiliares;
– falta de reconhecimento de méritos (mesmo pequenos) e desequilíbrio entre repreensões e elogios;
– falta de presença, dedicação e AMOR.

Causas absolutamente incomuns e inexplicáveis podem estar também na origem de um uso social (e posteriormente funcional) de drogas. A simples imitação de uma cena observada ou descrita pode servir de motivo para a busca de uma droga, ou então uma autoprogramação como "quando eu tiver 18 anos quero uma vez experimentar todas as drogas (ou uma determinada droga)" pode ser alimentada desde o início da adolescência. Afinal, a imaginação da criança e do adolescente não tem limites!

No caso específico do consumo de álcool, existem dois importantes fatores complicadores, entre outros de menor importância, na percepção e identificação dessa droga com o problema que invade a família. O primeiro é *a ampla e quase irrestrita aceitação da bebida alcoólica como parte integrante do convívio social,* ou seja, como lubrificante social – além do aspecto culinário. Para a maioria das pessoas, uma celebração ou um encontro social sem bebida alcoólica é algo impensável. Isso torna a simples ideia de querer privar a sociedade desse produto praticamente impossível (depois de milhares de anos de convivência!). Prova disso é o fracasso da chamada Lei Seca nos Estados Unidos nos anos 30 do século passado. Em outras palavras, não há trancas na porta para impedir a entrada do álcool (em relação ao tabaco, a situação é semelhante).

O outro complicador específico ao álcool é *o grande espaço de tempo que existe entre o início do uso social e o surgimento dos problemas mais sérios decorrentes do abuso*, em geral, um período de lenta evolução de, no mínimo, cinco a oito anos. Isso torna, em muitos casos, a identificação de causas e efeitos relacionados ao consumo problemático muito difícil, não só para a família, mas também para o próprio – então já – dependente. A invasão do álcool na família foi permissiva e ninguém sabe a partir de que momento seu uso tornou-se impeditivo, ou, pelo menos, desde quando deveria ser avaliado criticamente e eventualmente ser disciplinado. Nesse caso, não estamos diante de um assalto, mas constatamos um gradativo processo de corrosão da tranca no decorrer de longos anos.

Como já vimos, muitas vezes as causas da invasão são nitidamente identificáveis como decorrentes de circunstâncias internas da família ou de problemas mal percebidos ou mal resolvidos no próprio usuário. Porém, com relação às famílias, é preciso saber e ressaltar que a grande maioria, senão a quase totalidade delas procede com a melhor das intenções na educação dos seus filhos e, se falhas ocorrem, essas certamente não são intencionais – afinal, ninguém frequentou uma universidade de formação de pais! Resulta então como conclusão bastante clara. *Muitos problemas podem ser prevenidos, inclusive um possível consumo ou abuso de drogas, se a família for suficientemente honesta na identificação dos seus problemas internos, como relacionamentos intrafamiliares ou de estrutura psicológica de seus membros. A mesma honestidade é necessária no enfrentamento dos mesmos e na busca de soluções adequadas da maneira mais eficaz possível.*

6. E agora?

A grande surpresa

"Por que isso aconteceu conosco?" "Onde erramos?" Essas costumam ser as primeiras reações no momento da revelação do consumo de drogas por alguém da família, misturando perplexidade, incompreensão e inconformismo. Essa reação, porém, resulta em boa parte do reconhecimento que, como em qualquer família, as relações dentro das nossas famílias também não são perfeitas, da mesma forma como admitimos que, por mais que tentemos, a educação dos nossos filhos é falha em determinados pontos. Mas esse reconhecimento, em geral, só vem com a constatação dos resultados. Ou, então, simplesmente não temos dado a importância necessária a certos aspectos da educação – por falta de conhecimento ou simples comodismo. Mais recentemente, na família com ambos os pais trabalhando, podemos ter delegado uma porção demasiadamente grande da educação dos nossos filhos à escola – terceirizando nossa função familiar. Enfim, é a confirmação, muitas vezes involuntária e desagradável, de que não existe a família perfeita, conforme já afirmamos anteriormente.

Da mesma forma, não existe um modelo de educação perfeito. Não sem certa dose de coragem, temos que reconhecer que algumas, ou várias, das condições e dos fatores relatados no capítulo anterior encontram-se, em maior ou menor grau, em todas as famílias. A diferença é que algumas famílias, admitindo suas imperfeições, procuram e se esforçam por identificá-las e agir no sentido de minimizar seus efeitos. Outras, ou não percebem os riscos envolvidos ou não conseguem reunir vontade, disposição e até coragem para empenhar-se nas medidas necessárias em busca de neutralizá-las e saná-las.

Talvez faltassem limites, ou eles eram muito imprecisos? – *limites não apenas restringem, eles também orientam.* Talvez faltasse um "não" em momentos decisivos? – *o "não" pode significar proibição, mas também proteção.*

Não importa qual seja a explicação ou justificação, *porque a aceitação por parte de uma família de que um de seus membros tem problemas com drogas, ou está envolvido em condutas dependentes, é extremamente difícil. Por isso, ela é normalmente precedida de um longo período de autoenganação e de repressão e resoluta recusa dessa ideia.* A aceitação da presença de um dependente (pior ainda quando usar o termo 'viciado') equivale a admitir uma pesada mácula sobre a família. A dificuldade de admitir a possibilidade de um membro da família estar envolvido com uma dependência vai tão longe que, por exemplo, os pais chegam a fechar-se e decidem ignorar todos os sinais evidentes de consumo de drogas por parte do segundo filho, que, obviamente nega sua situação, embora o filho mais velho seja usuário dependente confesso.

A questão da culpa

Voltando à dúvida "onde erramos?", surge então a pergunta: "existe culpa da, ou na família quando um dos seus membros se torna usuário funcional de alguma droga"? Como vimos pelas condições favorecedoras apontadas no capítulo anterior é muito provável que alguns aspectos negativos do convívio familiar podem efetivamente ocasionar ou facilitar uma inicial aceitação e posterior adoção do uso de drogas. Isso como forma de um escape, ou de uma justificativa para o consumo de drogas como resposta alternativa. Ou, então, podem servir como mecanismo de rompimento com os comportamentos entendidos como normais, mas contestados pelo usuário incipiente. Portanto, *quando as raízes para a germinação de uma dependência se localizam nas falhas ou imperfeições das relações familiares não podemos falar de ausência de culpa.* Porém, como essas condições favorecedoras não costumam ter uma origem intencional, essa culpa precisa muito mais ser vista como decorrente de omissão por desconhecimento ou pela não percepção da realidade – não como intenção. Não são falhas resultantes de atos mal-intencionados, mas, essencialmente, de não saber fazer melhor. Portanto, importante para a questão da culpa ou da responsabilidade é o seguinte: uma vez constatado o uso de drogas, seja ele de caráter abusivo ou funcional (ou mesmo social, envolvendo menores de idade), *o questionamento, a identificação ou a atribuição de culpa não resolve o problema, nem contribui para o seu enfrentamento e sua solução. A pergunta não deve ser: "quem fez o quê errado"?, mas "o quê podemos fazer melhor para não perpetuar as condições desfavoráveis, para mudá-las e para ajudar numa recuperação"?* Basta identificar, reconhecer e (tentar) corrigir o erro – nesse momento, o resto é perda de tempo. Mais tarde, quem sabe, também a questão da culpa encontre uma resposta mais objetiva e uma solução racional.

Igualmente inútil é tentar identificar responsabilidades e culpa no próprio usuário. Enfrentando o problema com objetividade e isenção, provavelmente resultará um contexto bastante parecido com o seguinte: se não for por pura curiosidade, no início nota-se um *comportamento alternativo em busca de prazer ou de compensação* como resposta a uma circunstância ou condição mal resolvida, não raro sendo estimulado, induzido ou apoiado por pessoas em situação semelhante. Tornando-se hábito, essa atitude redunda em algum momento posterior num quadro patológico de dependência. O reconhecimento desta realidade facilita a compreensão de algumas considerações necessárias num primeiro enfrentamento do problema depois da sua descoberta e da devida comprovação.

Consequentemente, e como já vimos anteriormente, falar em vício e referir-se ao usuário de drogas como viciado só irá dificultar o estabelecimento de uma base de diálogo, uma vez que esses termos abrigam uma forte conotação moralista, contribuindo mais para uma marginalização, no momento em que uma aproximação é imperiosa. *Não é julgando e rebaixando o* status *moral e social do dependente que se consegue um plano de diálogo e de troca de sensações e sentimentos. A saída da situação – ou do fundo do poço – será sempre para cima. Ninguém encontrará o caminho de volta sem a elevação da sua autoestima e autoconfiança!*

É importante, por isso, observar que as pessoas que convivem com esse usuário adotem *posturas objetivas e honestas – jamais discriminatórias*. Também não cabe presunção com eventuais juízos moralistas, nem *a demonstração de pena,* pois essa *seria fatalmente explorada para a obtenção de concessões e de um afrouxamento no rigor das atitudes exigidas*. A dependência vista como doença leva algumas pessoas a justificar essa postura de demonstração de compaixão; mas é preciso lembrar que *o primeiro gole ou a primeira tragada foram resultados de uma decisão, não de um vírus que atacou sem ser percebido*. Quanto à presunção, ou até arrogância, a família deve ficar atenta para não assumir o papel de sociedade perfeita que se vê obrigada a conviver com um pai ou marido alcoólatra, ou de pais 'limpos' que vivem a desgraça de ter um filho 'drogado', ou seja, a caracterização e a comparação dos bem-comportados com o fracassado. *É bom repetir: não existe pai, nem mãe, nem filho perfeito, ou seja, não existe a família perfeita.*

Que medidas tomar?

Todas essas considerações são extremamente importantes e imprescindíveis de ser analisadas antes da tomada de qualquer medida com relação ao consumidor problemático. E, medidas são necessárias! *É preciso entender, que os problemas de um consumo impróprio de qualquer droga não atingem apenas a pessoa diretamente envolvida – cedo ou tarde afetam a família toda e de uma maneira que ela muitas vezes não consegue perceber e avaliar adequadamente, nem dimensionar a extensão dessa interferência danosa*. Essa realidade torna necessário que o problema seja tratado na sua abrangência coletiva; um aspecto, cuja importância muitas vezes deixa de ser percebido. Em outras palavras, o problema de drogas de uma pessoa é, na verdade, um problema de todos que com ela convivem. E, assim, é uma questão que deve ser enfrentada por todos. Todos precisam entender: *"se você não der conta dos seus problemas, seus problemas vão dar conta de você!"*

O que cabe então fazer? Em primeiro lugar, deverá haver consciência clara dos aspectos antes discutidos por parte de todo grupo familiar diretamente atingido pelos problemas (ou por problemas futuros) e interessado em encontrar soluções. *É essencial que se forme consenso em torno do papel e da postura da família e de uma atitude única e comum entre os membros da família a fim de evitar uma exploração de eventuais divergências entre essas pessoas por parte do dependente.* Usuários de drogas, quando dominados pelas forças de uma dependência, tornam-se exímios manipuladores e só uma decidida ação conjunta e uniforme é capaz de resistir às engenhosas manobras arquitetadas pelo dependente – deve haver uma ação quase monolítica.

O diálogo daí resultante – e, saliente-se, diálogo, não preleção, nem inquisição – deve observar algumas particularidades que, por um lado procurem facilitar seu próprio transcorrer e, por outro, tentem produzir resultados melhores. Os aspectos chaves a observar são: dialogar o quê e como?, quando?, quem?, e onde?

O que deve ser dialogado e de que maneira?

Em primeiro lugar, precisamos ter certeza sobre as questões centrais a serem tratadas e com que objetivos. Nessa abordagem inicial, nossa primeira ação deve ser a de fazer o usuário ou dependente saber que temos razões evidentes ou suspeitas bem fundamentadas para acreditar no seu padrão impróprio de consumo de drogas.

Para garantir uma continuação produtiva desse diálogo, sem que o mesmo acabe num pingue-pongue de afirmações e negações, o mesmo *deve inicialmente limitar-se à apresentação das observações feitas – um simples relato das constatações feitas.* Esse relato pode incluir o que a família sente a respeito da situação, como sente os efeitos da mesma e suas preocupações; mas não deve conter quaisquer interpretações e projeções moralistas e, principalmente, deve estar isento de juízos sobre a pessoa. Nesse momento, seria oportuno propor um 'jogo aberto' e honesto e oferecer toda a ajuda necessária e possível. Isso praticamente obriga o usuário a se posicionar diante dessas constatações. Esse posicionamento pode ser uma simples e definitiva negação do consumo constatado, uma racionalização do mesmo, com justificativas e perspectivas – ou até promessas – de mudança, ou um calar sepulcral.

Seria muito oportuno preparar-se bem para esse diálogo, em acerto e com as contribuições dos outros membros da família, inclusive anotando previamente todos os pontos a serem discutidos. *O momento é muito importante para ser prejudicado ou desperdiçado por falta de preparo adequado.*

Na grande maioria das vezes, esse diálogo inicial não produz quaisquer resultados concretos imediatos, terminando em nada mais que promessas – se é que houve uma admissão mínima ou parcial de um padrão de consumo impróprio. Isso é importante saber para que o interlocutor não alimente esperanças que acabam se convertendo em frustrações. Na verdade, dois objetivos são sempre atingidos. Por um lado, esse diálogo certamente provocará no usuário problemático – ou dependente – a convicção de que seu padrão de consumo está sendo percebido e, com isso, uma reflexão sobre sua situação. Obviamente, isso também fará com que o usuário adote maiores cautelas e aprimore suas defesas, dando assim a impressão de que as negações apresentadas são verdadeiras – pelo menos por algum tempo. Por outro lado, *quando há uma admissão, mesmo mínima, de um padrão de consumo inadequado, essa redunda quase invariavelmente em promessas de revisão e correção do mesmo.* Mesmo ficando vinculadas a justificações e racionalizações, essas promessas colocam na mão do interlocutor o trinco para que, em qualquer momento futuro, possa reabrir a porta para um novo diálogo. Além de tudo isso, com a oferta de ajuda foi dado um sinal de solidariedade.

Finalmente, há mais um aspecto importante a ser considerado. Muitas vezes, baseado na ideia de que o consumo de drogas tem uma correlação com traços de uma personalidade 'fraca', a condução do diálogo espelha um cenário de um interlocutor moralmente forte e defensor de princípios éticos e morais sólidos e de um usuário que sucumbiu às fraquezas do seu caráter. Pode até haver uma essência de realidade nisso; porém, transmitir essa mensagem, mesmo subliminarmente, não vai ajudar num processo de recuperação. *Uma pessoa que se vê avaliada pelas suas fraquezas certamente terá mais dificuldades para reunir as necessárias determinação e força de vontade que serão decisivas para um projeto de recuperação.* Além disso, um dos principais ingredientes para o sucesso de uma ajuda oferecida é uma boa dose de humildade!

Qual é o melhor momento para esse diálogo?

O momento é oportuno *assim que existam evidências irrefutáveis ou, pelo menos, as suspeitas sejam suficientemente fortes e haja argumentos sólidos para fundamentá-las.* Obviamente, *não adianta tocar no assunto enquanto o usuário estiver sob os efeitos da droga.* Aqui é importante salientar que há necessidade de bastante autocontrole, já que o diálogo impulsivo e no momento errado, quando a pessoa está "cheia de razão", não só é absolutamente improdutivo, mas até prejudicial para o futuro em vista do desgaste dos argumentos e do relacionamento que invariavelmente provoca. Dependendo da droga, por exemplo, no caso de álcool, cocaína e outros estimulantes, uma confrontação com o usuário sob efeito da droga, pode se constituir em risco para o interlocutor, uma vez que esse usuário, na falta de argumentos e de autocrítica, pode facilmente apelar à violência. Por outro lado, *um momento favorável é o "dia seguinte", ou seja, quando naturalmente surgem eventuais remorsos e arrependimentos.*

Para ajudar no surgimento desses sentimentos de remorso ou arrependimento, não devem ser removidos ou arrumados os eventuais vestígios deixados durante, ou em consequência do último episódio de consumo. *É importante que o causador do problema seja confrontado, já com a mente mais clara, com os efeitos e resultados da sua atitude!* Especialmente o dependente de álcool pode sofrer um fenômeno chamado de '*black-out*', ou apagamento, quando efetivamente não se lembra do que ocorreu durante determinado período da embriaguez. Também as drogas alucinógenas, como a maconha, fazem com que a pessoa perca a noção do que verdadeiramente aconteceu e o que era alucinação durante e depois do consumo da droga.

Quem deverá manter o diálogo?

Nessa primeira abordagem, não é aconselhável confrontar o dependente com um 'conselho familiar'. O usuário ou dependente certamente sentir-se-ia diante de um tribunal familiar e, no mínimo, perceber-se-ia encurralado ou sem 'espaço de manobra'. Isso tiraria do encontro sua essência de diálogo, transformando-o em confrontação de partes desiguais.

Cada família tem a sua figura polo, seu árbitro e seu porta-voz, aquele que, nos momentos de crise, assume o comando para dentro e para fora. Costuma ser o pai, a não ser que ele incorpore o próprio problema, quando, normalmente, a mãe assume esse papel, ou, a partir de determinado momento poderá ser um filho, em geral o mais velho, ou o mais 'preparado'. Não é raro, também, que o pai seja o personagem mais 'bonzinho' e a mãe a figura mais enérgica, o que é importante ser considerado por ocasião do diálogo com um filho problemático – bonzinho, no sentido de oferecer efetiva ajuda, sim; inconsequente (ou 'mole'), não!

Da mesma maneira, toda família tem um padrão de diálogo que, a princípio, deveria ser conservado, sem quaisquer formalismos, desde que não costume ser excessivamente agressivo ou desrespeitoso. *Quanto mais natural for a condução do diálogo dentro dos padrões da família, mais confortável fica ao dependente ou usuário problemático posicionar-se e mais fácil fica ao interlocutor avaliar o desenrolar do diálogo e os efeitos causados.* Artificialismos tendem a induzir abstrações e teorizações e, ao mesmo tempo, diluem a essência do assunto e permitem desvios e escapes. Nada disso contribui para a obtenção de resultados concretos. Dito de outra maneira, o diálogo deve ser mantido 'com o pé-no-chão' e no clima natural da família.

O papel de interlocutor, se estiver revestido de uma autoridade natural na família, não deve ser confundido com o de autoridade no assunto, salvo se isso realmente for o caso. Em geral, a família não tem muito conhecimento específico sobre drogas ou mesmo sobre o abuso de bebidas alcoólicas, suas causas e seus efeitos. Isso coloca o interlocutor em nítida desvantagem perante um usuário conhecedor da sua droga e dos seus efeitos, e manipulador experimentado. Conclui-se daí, que *o êxito do diálogo pode depender significativamente do esforço que o interlocutor dedicou a um preparo específico sobre o assunto, utilizando-se de literatura adequada ou de um aconselhamento junto a uma pessoa com domínio sobre o mesmo.*

Sempre convém lembrar que a pessoa, que tem problemas com drogas, está preparada para ser questionada a esse respeito e tem seus argumentos prontos e suas defesas erguidas e muitas vezes testadas.

Não devemos esquecer: se o dependente estivesse à procura de ajuda ou disposta a aceitá-la, a iniciativa para o diálogo teria partido dela! – mesmo, às vezes, dando apenas tênues sinais dessa intenção.

Onde deve ocorrer esse diálogo preferencialmente?

O ambiente pode influir significativamente nos resultados do diálogo na medida em que contribui para um clima mais calmo, cordial e confortável. O grau de intimidade deveria ser equilibrado – em excesso pode prejudicar o caráter objetivo, que é essencial para esse diálogo, enquanto muita frieza tende a sinalizar certa falta de comprometimento e o falso entendimento de que se trata de uma mera formalidade ou do cumprimento de uma obrigação. Se o cenário for a própria casa, por uma questão de domínio de área, tal diálogo jamais deve ocorrer no espaço reservado do usuário ou dependente (o quarto do mesmo), e sim na área comum da família (sala, cozinha, varanda, jardim etc.)

Se se suspeitar de uma reação mais destemperada ou até violenta, é aconselhável escolher um lugar neutro em que haja a presença de público, fazendo com que o usuário tenha que se preocupar com um eventual escândalo provocado e a possível interferência de terceiros. Em determinados casos, seria bom ter por perto, num segundo plano e sem participação direta no diálogo, uma pessoa que possa ajudar a acalmar a pessoa sem que o interlocutor tenha que fazer concessões ou desfazer sua postura e seus argumentos – alguém que assuma o papel de mediador. Num momento de conflito, estaria dentro da lógica de defesa do usuário forçar uma revogação dos princípios do interlocutor para com isso garantir o restabelecimento da paz (mais ou menos provocando um "não era bem isso que eu queria dizer").

E os resultados?

Todas estas considerações contextuais visam favorecer um diálogo produtivo e com resultados os mais positivos possíveis. Nada disso, porém, avaliza a certeza de algum sucesso, principalmente quando se trata de uma primeira intervenção. Não é prudente alimentar muitas esperanças que, em breve, se transformam em decepções e frustração. Só mesmo se já existia uma intenção, embora latente, no dependente de procurar ajuda diante da dimensão dos seus problemas e da incapacidade de resolver sua situação com seus próprios meios, um primeiro diálogo pode causar alguma mudança significativa. Na grande maioria dos casos, no entanto, o máximo que se conseguirá serão promessas de pouca, ou nenhuma, consistência e duração.

Isto, entretanto, não deve servir de desestímulo. Quantos doentes, com quadros patológicos de caráter exclusivamente fisiológico, *i. e.*, sem prejuízo à sua psique e à sua capacidade emocional e sentimental, recusam-se em procurar recursos médicos num primeiro instante por razões que vão de origem financeira ao medo de conhecer a real situação de sua enfermidade e as respectivas perspectivas, passando pelas mais diversas "razões" pessoais.

O argumento central do dependente ou usuário funcional, tentando desfazer convicções ou suspeitas da família, consiste em provar a ela que não existem problemas com o padrão de consumo, que esse está totalmente sob controle, lembrando períodos mais ou menos recentes de abstinência (nem sempre verdadeiros). *Frases comuns ouvidas nessa hora soam mais ou menos assim: "Eu sei o que estou fazendo, não sou louco para me meter nessa história de drogas", "a maconha faz menos mal que o cigarro comum e mesmo assim só fumo um cigarro por semana", "só bebo de vez em quando e consigo parar na hora que eu quiser" etc.* E para tudo existem exemplos – verdadeiros e falsos, reais e construídos, ou apenas imaginados.

Quando, porém, o dependente admite sua condição, embora tal admissão em geral não corresponda à verdadeira gravidade da situação, as justificativas costumam girar em torno de crises momentâneas, *stress* excessivo no trabalho, mas que logo devem passar ou alegações parecidas. Não raro, a própria família é identificada e culpada como causadora de situações originárias para a busca de um alívio 'químico' – até como estratégia para intimidá-la e assim evitar novas confrontações.

As verdadeiras causas atrás dessas atitudes são simples: *ou o dependente desenvolveu um sentimento de onipotência tão grande que se julga dono absoluto da situação,* secundado pela redução de autocrítica, comum nesses quadros, assim não conseguindo avaliar sua verdadeira condição e suas limitações, *ou simplesmente não consegue imaginar o dia seguinte sem sua droga,* uma impossibilidade inconfessável. Do contrário, teria que admitir a necessidade de assumir medidas para corrigir suas atitudes e sua situação. Em outros termos, ele reconhece – embora apenas para si mesmo – sua incapacidade de romper as amarras da sua dependência.

E, a toda hora, essa incapacidade é reforçada com afirmações de outras pessoas de que "é muito difícil parar de fumar, de beber, de cheirar etc.". Para entender e, talvez, repensar e reduzir essa dificuldade é preciso buscar um contexto de discussão um pouco mais amplo, o que faremos a seguir.

Hábito ou dependência?

Já foi visto anteriormente o que é uma dependência e como a mesma pode surgir e se desenvolver. Quando, porém, enfocamos esse assunto no contexto de uma ação que visa ajudar o dependente a vencer sua dependência, outro ingrediente precisa ser agregado e ser considerado nesse quadro: *o hábito e a forma com que esse influencia e determina atos, pensamentos e comportamentos.* Com muita frequência, hábitos transformam-se em verdadeiros condicionamentos à nossa maneira de agir e reagir, e até chegam a atingir nossa personalidade. Assim, uma determinada ação ou um raciocínio é automaticamente desenvolvido dentro do padrão habitual, ou em cima de um trilho comportamental que determina uma rota inflexível e dificilmente admite desvios laterais. Inúmeros atos habituais desenrolam-se a partir de processos mentais automáticos, sem termos consciência disso. Só conseguimos introduzir uma mudança nesse padrão ou nessa rotina mediante um processo racionalmente desenvolvido e aplicado.

Dito em outras palavras, *a concepção e a execução de boa parte dos atos e pensamentos ficam confinadas em padrões rígidos. Qualquer variante nesses processos exige que os mesmos sejam retirados de seus moldes para então poderem ser modificados.* Vejamos um exemplo: uma pessoa, consumidora de muitos cafés e cafezinhos durante o dia, acendia automaticamente um cigarro em cada ocasião dessas. Quando decidiu parar de fumar, percebeu que precisamente nos momentos de tomar um café a compulsão para fumar tornou-se especialmente forte, inclusive provocando recaídas. Percebendo a relação entre os dois atos de consumo – tomar café e fumar –, evitou tomar café, ou então substituiu o mesmo por chá, água ou outra bebida. As compulsões para fumar nos horários em que tradicionalmente tomava café, praticamente desapareceram (continuaram, porém, quando outros vínculos condicionantes eram vivenciados, p. ex.: a presença de outro fumante – às vezes, bastava ver outra pessoa, à distância, acender um cigarro –, a hora da leitura matinal do jornal ou a *happyhour* da sexta-feira).

Com isso podemos entender como determinadas circunstâncias, que incorporamos como padrões de ação ou reação, ou apenas gatilhos, podem desencadear atos e atitudes habituais e automáticos. Muitas vezes, esses padrões ou moldes consistem exatamente na combinação ou no relacionamento habitual de diversos fatores ou condições.

Às vezes, basta a falta de uma parte ou de um ingrediente costumeiramente contido dentro de um contexto habitual para provocar um sensível desconforto e influenciar negativamente o conjunto inteiro. Uma pessoa que, por exemplo, está acostumada a comer arroz nas refeições certamente experimentará uma forte sensação de falta desse ingrediente, e o prato como um todo, apesar da carne deliciosa, ficará registrado com insatisfatório. Ela pode até levantar-se da mesa com a sensação de fome, embora tenha comido satisfatoriamente.

Inclusive a ordem na sequência de diversos atos de um procedimento total faz parte do hábito e uma alteração nessa ordem, embora a mesma não precise seguir uma lógica ou uma sequência vinculativa, tem um poder condicionante muito forte. Basta que tentemos inverter a ordem na sequência dos vários atos que perfazem nossa higiene matinal para sentir essa força.

Na verdade, hábitos proporcionam conforto. Em contrapartida, a ruptura com um hábito costuma produzir desconforto, e esse é maior na proporção do tempo de existência do hábito. Um dos hábitos mais simples, e que remonta à caverna do homem primitivo, é a habitação (inclusive, as duas palavras têm a mesma origem morfológica). O poder do seu significado como fator de conforto e desconforto revela-se, principalmente, quando precedida de longo período de estabilidade, nas consequências traumáticas que uma mudança de endereço pode causar a uma pessoa idosa.

Tudo isso mostra com que poder os hábitos adquiridos, voluntariamente ou por imposição das circunstâncias vivenciais, influenciam nossos atos e nossos sentimentos. Como já vimos, por outro lado, o trajeto da busca inicial do prazer até a dependência inclui a constituição de hábito. *Esse entrelaçamento de hábito e dependência, essa impossibilidade de determinar com clareza o que é hábito e o que é dependência psíquica na compulsão por uma droga, contribuem, com certeza, para a dificuldade de avaliar e dimensionar o grau de dependência.* Porém, em contrapartida, a presença do hábito nesse conjunto de condicionantes pode oferecer uma via ou estratégia de recuperação mediante a devida valoração da sua importância no convívio com as drogas.

Aliás, na própria origem de uma dependência como, por exemplo, no alcoolismo, encontramos, via de regra, uma ou outra condição: o simples hábito de um consumo mais ou menos excessivo em quantidade e frequência, ou uma propensão genética – eventualmente, a combinação de ambos. E quanto mais cedo esse hábito se estabelece, mais fácil e fortemente ele se enraíza – deixando marcas indeléveis[6]. (É fato comprovado, que grande parte do aprendizado da criança e do adolescente realiza-se por meio da repetição e do hábito sem um processo deliberado de, e orientado para a incorporação de um conhecimento.)

Toda essa discussão sobre hábitos e dependência tem uma finalidade muito específica: mostrar que *o quadro de drogadicção não decorre unicamente daquela força insuperável e indomável chamada dependência, mas tem ao mesmo tempo muito a ver com algo*

---

6 Um estudo realizado pela psiquiatra americana Susan Talbert, da Universidade da Califórnia, revelou que dos adultos que haviam começado a beber antes dos 14 anos, 47% tornaram-se dependentes, contra 9% dos adultos que começaram consumir álcool depois do 21 anos.

perfeitamente dominável e controlável, que é o hábito. Enquanto a dependência é uma incógnita para a maioria das pessoas, o hábito é facilmente compreensível e explicável – e corrigível.

À primeira vista, esse entrelaçamento de hábitos com a dependência parece um fator complicador na busca de uma abordagem bem-sucedida dessa última. Na verdade, essa coexistência abriga aspectos positivos talvez não suficientemente bem entendidos até o momento.

Eis a explicação. Como já mencionamos anteriormente, existe um consenso, senão uma convicção, sobre a extrema dificuldade de romper uma dependência psíquica. Isso, não apenas desencoraja uma iniciativa ainda na sua raiz, como também justifica qualquer desistência no primeiro momento de uma dificuldade no caminho para a abstinência definitiva. Como resultado disso, um fracasso nessa tentativa é visto como bastante natural, quase como lógico, inevitável, fatal. E a conclusão para o dependente é simples: não adianta!

Se, por outro lado, comparamos as chances de sucesso na superação de um hábito com aquelas do rompimento de uma dependência, é fácil concluir que a primeira opção é muito mais promissora.

Se, então, começarmos com a mudança ou substituição de hábitos, principalmente aqueles que contribuem mais fortemente para a compulsão de consumo, *formamos uma percepção no dependente de que mudanças são possíveis, ao mesmo tempo em que fortalecemos sua autoconfiança.* Essa autoconfiança cresce ao passo que os êxitos são devidamente reconhecidos e valorizados. É preciso lembrar que os dependentes, quando não estão sob o efeito agudo da sua droga, apresentam normalmente um nível muito baixo de autoconfiança. Da mesma forma, observa-se uma forte carência de autoestima entre essas pessoas, que pode ser compensada com melhora da autoimagem resultante da sensação de ser bem-sucedido, por exemplo, na mudança de um hábito o costume.

Muitas vezes, o próprio dependente tem uma perfeita noção da vinculação do consumo de drogas com determinadas atitudes ou hábitos, como por exemplo, a busca por cocaína somente depois de um consumo de bebida alcoólica, ou o cigarro depois da refeição. Mas, nem sempre existe essa clareza e o dependente desenvolve e segue automaticamente certos rituais, cuja existência não percebe. É o caso de uma bebida destilada depois da cerveja quando alguma situação de tensão prolongar-se por mais tempo. Quando existir uma situação assim, *pessoas de convivência estreita podem ajudar na identificação dessas vinculações entre hábitos e consumos de drogas, inclusive tentando evitar sua ocorrência – com ou sem a participação voluntária do próprio dependente.*

Se esse manifestou a vontade de abandonar sua(s) droga(s) deve, naturalmente, ser participado no processo. Do contrário, os êxitos conseguidos sem a sua própria contribuição decisiva não podem mais tarde servir para a valoração do êxito conseguido e nem de reforço na reconstrução da autoestima.

O importante é conseguir com que o usuário acredite na possibilidade de uma abstinência bem-sucedida, que o livrará das algemas, que ele mesmo se colocou com a ajuda da sociedade, do que sair de uma dependência é tão difícil que não vale a pena tentar. E nesse processo, um *"kokua"* (era no Haiti a pessoa que acompanhava o leproso para uma ilha de isolamento reservada para esses doentes onde cuidava do mesmo até o fim) pode ser de imenso valor se souber agir adequadamente e sem se tornar um codependente.

Na prática, *o ideal seria tentar identificar e relacionar, juntamente com o dependente, todas as atitudes e hábitos que, direta ou indiretamente, influem em seu comportamento relativo à droga consumida.* Da relação resultante, escolher-se-iam primeiramente os hábitos condicionantes ao consumo que forem mais fáceis de mudar, mas que ao mesmo tempo têm um papel claro nas circunstâncias facilitadoras do consumo. Se, por exemplo, o caminho para o trabalho e o retorno para casa for realizado de carro, permitindo uma parada num bar; a mudança para um meio de transporte coletivo poderia ser uma resposta. (Naturalmente, nosso amigo, poderá no meio do caminho interromper a viagem e entrar num bar; porém, se a mudança foi negociada com sua concordância, essa atitude apenas revelaria a fragilidade do seu estado. Mas nem por isso o processo deve ser abandonado, ou até ser inviabilizado diante dessa possibilidade – acidentes de percurso fazem parte de todo processo de recuperação! Eventualmente, o *kokua* acompanha-o durante um período inicial.)

Outro exemplo: se o filho, disposto e tentar abandonar o *crack*, usar sua moto para comprar a droga, a venda da moto pode ser um mecanismo impeditivo, com uma observação importante – não deixe o dinheiro resultante da venda à disposição desse moço (que tal, tirar uma licença e usar esse dinheiro numa viagem com ele). Em ambos os casos, o dependente entenderá sua própria atitude de mudança como ato de coragem e determinação e isso certamente fará bem à sua autoestima.

Talvez, especialmente quando a convicção sobre a dificuldade de proceder uma mudança for muito forte, tenta-se mudar ou erradicar um hábito que se situa fora do problema drogas, por exemplo, roer unhas, levantar meia hora mais cedo para poder tomar o café da manhã sossegado, ou passar a dar um abraço na(s) pessoa(s) com que convive em vez de um lacônico "bom-dia". Tudo isso apenas com o propósito de *mostrar que uma mudança é possível e que a vontade de mudar pode perfeitamente ser maior que uma atitude que, pela sua constante repetição, transformou-se num comportamento aparentemente imutável.*

7. Conviver ou intervir? Não existem milagres

O que fazer?

Naturalmente, na quase totalidade dos casos, a história não acaba aqui, com o usuário problemático, depois de confrontado com sua situação, tomando a decisão de abandonar o consumo da droga e resolvendo o problema da dependência com uma abstinência definitiva. Se fosse assim, dependência não seria dependência – seria apenas a adoção de um capricho temporário que virou costume, o que definitivamente não é!

A mudança de uma atitude singela, mesmo habitual como, por exemplo, trocar de supermercado ou o horário da aula de inglês, pode ser, e normalmente é, um procedimento bastante simples. Porém, mudar um comportamento é diferente. Principalmente quando esse é resultado da interferência e confluência de vários aspectos, com um histórico mais ou menos longo, efeitos psicofísicos e sociais de satisfatórios a prazerosos (pelo menos temporariamente) entre outros fatores de menor importância, é um processo com começo e fim, passando por várias etapas e estágios – e momentos decisivos. E nesse processo, pela sua própria natureza, é inevitável que haja altos e baixos; mas, acima de tudo, todo um universo de incertezas.

Essas incertezas decorrem do desconhecimento de causa, tanto sobre a dependência como tal, quanto sobre o dependente no aspecto genérico; mas, principalmente como indivíduo. *Gradativamente, com a evolução da dependência, o filho, a filha, a esposa ou o marido, tão bem conhecido em seus posicionamentos e suas posturas, tão familiar em suas ações e reações, tão previsível em suas visões e projeções, torna-se estranho em seus atos, enigmático em suas atitudes e incompreensível em seus comportamentos. Não é mais o mesmo!*

A causa, em geral, é conhecida: é o álcool, a cocaína, o jogo de azar, a *lan house*. "Fazer o quê?" é a grande e insistente pergunta. A resposta a ela seria óbvia não fosse tão constrangedora – *procurar ajuda com quem pode ajudar*. Porém, na prática, é uma opção difícil! Principalmente quando a família não conseguiu resolver a questão da culpa e atribui a si mesma as causas e culpas pela situação. Nesse caso, a procura por ajuda junto a terceiros equivale à humilhação de uma confissão de supostos erros e desacertos e muitas vezes o sofrimento precisa chegar a um nível quase insuportável para se admitir a hipótese de um passo nessa direção.

A consequência natural é a protelação dessa medida na esperança de que a pessoa consiga resolver seu problema sozinha diante das dificuldades que o mesmo está lhe causando. E mesmo que não exista o problema da culpa, *a simples ideia de ter que expor um assunto tão delicado, referindo-se a um parente próximo, é para a maioria das famílias, no mínimo, humilhante e vergonhosa*. A isso se soma o reconhecimento de total ignorância sobre o assunto "dependência", que dificulta a decisão de abrir o problema a terceiros pelas mesmas barreiras – afinal, tudo isso fere nosso orgulho.

Ouvir então ocasionalmente o relato de que determinada pessoa parou uma carreira de alcoolismo ou de jogo de azar por sua exclusiva decisão e somente com o próprio esforço é música angelical nos ouvidos de um pai, uma mãe ou um cônjuge desesperado. E esse alívio será razão suficiente para novas esperanças e meses e meses de nova protelação da necessária busca de ajuda. *A esperança, por mais remota que seja, é mais confortável e mais fácil de conviver do que a perspectiva de revelar a dependência na família a uma pessoa estranha.*

E, com o tempo, os sentimentos começam embotar. Os transtornos decorrentes de episódios de excesso da droga ou da jogatina são aceitos com resignação – quase como a normalidade. Já não se fala mais no assunto, resta um melancólico abanar da cabeça. Assim, nada vai mudar, a não ser uma contínua e permanente piora do estado e das condições do dependente – um lento avanço em direção a um desfecho final.

A decisão pela busca de ajuda

Na mesma proporção em que todas as pessoas são diferentes entre si também o são os vários indivíduos de uma família. Isso implica que haja divergências de opinião sobre a dependência de um membro da família. *Entram em choque tolerância e impaciência, determinação e incerteza, amor e insegurança, fé e desespero.* E essas divergências tendem a ganhar caráter mais radical na medida em que se agrava o problema, não só para o dependente, mas especialmente para família. As iniciais diferenças de opinião a respeito do caso em si e seu enfrentamento acabam evoluindo para o nível de discussões sérias, terminando em brigas. Finalmente, a família entra em crise, inclusive ameaçando a própria relação matrimonial, não somente em caso de um dos cônjuges ser o portador da dependência, mas também entre os pais, quando o problema se relaciona ao filho.

É nessa hora que muitas vezes os familiares, principalmente o casal em crise, colocam a vergonha em segundo plano e reúnem as forças restantes para procurar auxílio, o que ocorre frequentemente em grupos de ajuda mútua nas suas atividades dedicadas às famílias de dependentes. Mas, nesse caso, *quando o conflito familiar ou conjugal é muito grave, existe uma particularidade que não pode ser ignorada – o objetivo primário não é a busca de uma solução para o dependente, mas sim, de uma resposta para a ameaça à sobrevida da relação do casal ou a harmonia familiar.* Na realidade, o próprio casal muitas vezes não possui uma clara visão dos seus objetivos, já que é vítima dos efeitos de uma dependência e não da dependência em si.

Em geral, o grupo de ajuda mútua consegue proporcionar essa clareza e, com isso, orientar e direcionar adequadamente as atitudes de muitos familiares. Lamentavelmente, os grupos de ajuda mútua têm observado que, em muitos casos em que o motivo dos familiares de procurá-los era primordialmente resolver as consequências turbulentas da dependência que recai sobre os mesmos, assim que a harmonia entre o casal ou os pais é razoavelmente restabelecida, não são mais frequentados. Isso significa, aprendeu-se a conviver melhor com o problema sem, no entanto, resolvê-lo na raiz.

Enquanto isso, a dependência agrava-se continuamente. Em geral, trata-se de um processo relativamente lento e esse agravamento não ocorre linearmente, mas alternando altos e baixos (cujos picos, sim, seguem uma linha de constante piora). Com isso, *a progressão da dependência, além de muitas vezes não ser claramente identificável, permite efêmeras ilusões de melhora e momentos de otimismo.*

Essa ilusão e esse otimismo, todavia, não se justificam! A patogênese e as características patológicas da dependência não incluem a possibilidade da cura espontânea ou medicamentosa como muitas outras enfermidades, a gripe, por exemplo. A evolução da doença precisa ser interrompida pelo próprio doente (dependente) e isso só é possível pela abstinência total e definitiva. Simplesmente não existe alternativa, não há outra opção! Da mesma forma, não existe a opção do retorno ao consumo social da droga no caso específico do álcool! *Para as dependências, não há milagre a esperar!*

O único milagre consiste na aceitação de ajuda para conseguir-se interromper o avanço da doença, no abandono da (falsa!) vergonha, na humildade de aceitação da própria fraqueza, na força de vontade de comprometer-se com o futuro, e, porque não, na fé em Deus!

Ninguém escolheu voluntariamente o caminho das cavernas da dependência, mas acabou penetrando nas mesmas por curiosidade, desinformação, ou simples inadvertência. Fragilizado pelas andanças errantes, pelos subterrâneos das drogas, do jogo, ou de outros falsos prazeres, não mais encontra sozinho a saída desse labirinto sem a ajuda de alguém – *sua salvação depende, num primeiro instante, unicamente dessa ajuda.*

Ajuda para quem?

No processo de evolução da dependência não apenas o próprio doente é atingido e torna-se vítima dos efeitos da mesma. *Pela necessidade de estabelecer um 'modus vivendi' com o dependente, o círculo social do mesmo ajusta-se, mais inconsciente do que conscientemente, às suas mudanças de comportamento.* Essas mudanças, de um modo geral, trazem uma série de inconveniências, contrariedades, desconfortos e até problemas para a família, os amigos e os colegas. É como se a família tivesse que se habituar a um mandacaru[7], que começa a brotar, crescer e alastrar-se no meio da sala, impedindo a comunicação, a livre movimentação, e tudo ficando preso em seus espinhos.

Em função das mudanças que essas pessoas adotam em suas próprias atitudes e comportamentos para garantir uma melhor convivência com o dependente, elas acabam contaminadas com a chamada codependência. Eventualmente se pode chamá-la de dependência passiva, em referência aos fumantes passivos, que sofrem os efeitos indiretos do consumo – o familiar só participa dos prejuízos. *Essas mudanças começam com o sacrifício da sua liberdade de manifestação e de ação e, em casos extremos, chegam à submissão de violências de toda espécie.*

O codependente ajusta-se gradativamente a um compromisso entre sua vontade de impedir o agravamento da dependência, ou, pelo menos, de contribuir para isso, e as vontades e necessidades – ou exigências – do dependente. Na realidade, *esse compromisso traduz-se para o codependente em uma série de concessões para um lado e ameaças nunca cumpridas para outro.* Na maioria das vezes, o codependente não percebe que o compromisso "beneficia" cada vez mais o dependente, acabando por invalidar quaisquer medidas em busca de uma verdadeira solução. Típico nessa atitude de codependência são as racionalizações e justificativas para tais compromissos, iguais às racionalizações e justificativas utilizadas pelo dependente diante da sua droga.

---

7 *Cereus jamacaru*, o cacto símbolo do sertão brasileiro.

Pode-se perceber claramente, que o codependente torna-se um elemento importante na carreira de dependência. De um benevolente e crédulo otário no início da evolução da doença, ele passa posteriormente a ser um instrumento facilitador – um cúmplice involuntário, objeto das manipulações, ameaças e até agressões do dependente. E seu sofrimento nem sequer é aliviado pelos momentos de prazer que o protagonista do cenário pode experimentar no momento do consumo da sua droga.

Quanto mais o círculo social tornar-se codependente, menos condições têm seus integrantes para intervir construtivamente com o objetivo de uma recuperação do doente. *Suas condições para prestar uma ajuda efetiva ao dependente diminuem na proporção em que aumenta sua codependência até desaparecerem totalmente. O que resta são pedidos ou apelos sem o menor significado para o dependente.*

Daí é fácil concluir que, antes desse círculo social codependente poder ajudar, precisa ele mesmo ser ajudado. Comparada com a ajuda necessária para o próprio dependente, essa é relativamente mais fácil e consiste essencialmente em fazer as pessoas entender as mudanças que sofreram quase que imperceptivelmente, e mostrar-lhes o retorno à normalidade de suas posturas, ou seja, ao comportamento sensato que originalmente tinham em relação à pessoa antes de tornar-se um dependente. A grande diferença é que a ajuda proporcionada ao codependente, em geral, é bem aceita e assimilada, porque ele costuma entender rapidamente o que aconteceu e deseja esse retorno para poder realizar seu objetivo maior – ajudar o dependente (e, com isso, a si mesmo).

Essencialmente basta ter consciência desse papel de codependente para entender a necessidade de mudanças e, inclusive, perceber e identificar as mudanças necessárias. Realizá-las, como veremos, é certamente um pouco mais difícil.

8. O amor consequente, ou ajudar sem facilitar

Já vimos anteriormente que o processo de uma dependência causa e desenvolve, ao lado de outros efeitos e transtornos, as mais diversas mudanças de atitudes e comportamentos no seu portador. Além das mudanças comuns a todas as dependências, como, por exemplo, o fortalecimento da ilusão sobre a capacidade de autocontrole (a imaginária, mas falsa, onipotência sobre as drogas), existem inúmeras outras mais específicas, como aquelas diretamente decorrentes das alterações biopsicossociais causadas pelos agentes ativos de cada substância psicoativa.

Influenciados de maneira significativa pelo próprio consumo de substâncias psicoativas, essas mudanças não são, ou são apenas obtusamente percebidas pelo dependente. E quando o são, não conseguem ser relacionadas adequadamente com a dependência. *De uma maneira geral, as mudanças ocorridas enganam o próprio dependente com respeito às suas capacidades, possibilidades, ações e reações comportamentais e os efeitos das mesmas.* Porém, também devemos considerar as possibilidades da elaboração de justificativas ou racionalizações, ou, mais frequente do que se imagina, da repressão deliberada de qualquer relação entre as drogas e as mudanças, ou seja, entre causa e efeito.

Os efeitos negativos experimentados como consequência direta de um abuso episódico, ou indireta de um consumo prolongado ou habitual, todavia, fazem surgir momentos de reflexão que podem levar em duas direções: a simples resignação diante da aceitação da derrota pela droga e seus efeitos, ou um desejo por mudanças (embora essas, via de regra não incluam o abandono da droga, eventualmente, a redução do consumo, ou o retorno ao "consumo social").

A intervenção

Levando em consideração essa complexa constelação de fatores causadores de uma dependência, fica fácil entender que uma pretendida mudança de atitudes dessa natureza está sujeita a todo tipo de resultados, do pleno (mas raro!) êxito ao (bem mais frequente) fracasso total. Entre esses dois extremos situam-se sucessos parciais ou temporários, e recaídas seguidas de novas tentativas, ou o simples abandono das intenções de mudar alguma coisa. *É importante saber que durante a evolução da dependência e diante da percepção do surgimento de problemas decorrentes da mesma, o próprio dependente faz numerosas tentativas e experiências em busca de um controle sobre sua situação.*

Essas ações, entretanto, costumam ser realizadas sem qualquer alarde, ou sequer uma leve indicação para a família ou os amigos. A razão para essa discrição é simples: um eventual insucesso confirmaria a gravidade da situação e imporia a necessidade de medidas sérias com o objetivo de provocar mudanças. E tais medidas inevitavelmente passariam a ser acompanhadas – para não dizer, controladas e cobradas – pela família. Obviamente, o dependente não está disposto a sujeitar-se a esse tipo de fiscalização e pressão.

Essas tentativas, entretanto, são reais e, na maioria das vezes, repetem-se de tempo em tempo, *principalmente como resposta a episódios negativos especialmente doloridos, como vexames, perdas (materiais, de imagem, de saúde etc.), ou a percepção de indícios de uma identificação do problema por terceiros.* Pior ainda, quando essa suspeita ou convicção da existência de uma possível dependência é claramente pronunciada por alguém. E se isso ocorrer no trabalho pela boca de um superior, o efeito é arrasador e quase infalivelmente produz algum tipo de reflexão. Em geral, essa reflexão resulta em uma de duas atitudes: tentar uma mudança, ou a simples resignação com o refúgio para o papel do "coitado", uma postura normalmente já precedida de inúmeros fracassos em tentativas de correção.

Na grande maioria dos casos, as tentativas de conseguir assumir algum controle sobre sua própria situação de dependência acabam em insucesso e reforçam assim a posição do "não adianta". *E um dos fatores que contribuem significativamente para esse insucesso reside na absoluta solidão em que se realizam tais tentativas e esforços, ou seja, na não aceitação do acompanhamento por terceiros.* Mesmo que isso signifique controle e cobrança, por outro lado envolve um aspecto extremamente positivo e muitas vezes decisivo: o estímulo, a torcida.

É preciso, contudo, nesse ponto não se enganar ou iludir. É óbvio que toda família tenta fazer o possível e imaginável que ajude o dependente a se recuperar, mesmo que não tenha a percepção clara e nem entenda direito o que é, e como funciona uma dependência. *O que muda de caso para caso é a verdadeira razão, o motivo real dessa ajuda. Com isso, muda também a mensagem oculta contida na ajuda.* É necessário repetir aqui, que a própria família, ou os amigos, muitas vezes não têm consciência dessa verdadeira razão ou do motivo real, por exemplo: se o bem do dependente ou o próprio bem está em primeiro lugar. Nesse caso, é comum que o dependente não consiga interpretar claramente a mensagem oculta e, na dúvida, desconfiará da sua sinceridade.

Dessa maneira, o círculo social (família, amigos, ambiente de trabalho) disposto a intervir precisa primeiramente ter certeza sobre a finalidade da sua intenção, ou seja, se realmente quer ajudar o dependente (obviamente também se beneficiando dessa situação) ou se quer simplesmente livrar-se de um problema. No caso desse último objetivo, a única atitude razoável será romper os vínculos com o dependente, isso é, expulsá-lo do seu meio, pois uma pseudoajuda com essa mensagem oculta jamais terá a mínima chance de sucesso. Porém, mesmo que haja a sincera vontade de ajudar o dependente a recuperar-se, com o foco da ação no mesmo, e não no problema da dependência, *o círculo social precisa avaliar seu efetivo papel no processo: ser um mero instrumento fiscalizador na coibição do uso da droga ou da prática de atos de dependência, ou ser agente de promoção de mudanças que favoreçam acima de tudo uma recuperação.* No caso da postura policialesca de fiscalização, vale o mesmo que já foi dito com relação ao foco errado no parágrafo anterior, pois, contrário ao desejado, muito provavelmente conseguir-se-á apenas um aprimoramento cada vez maior nas estratégias de defesa, camuflagem, evasão etc. por parte do dependente. Aliás, isso em nada difere do que observamos com relação ao tráfego e consumo de drogas como problema social em amplitude nacional.

Evidentemente, todos nós desejamos ter o menor número possível de problemas e os menores problemas possíveis na nossa vida. Ninguém gostaria de ter um mandacaru crescendo no meio da sala – e conviver com um dependente equivale mais ou menos a isso: ninguém consegue viver tranquilamente, movimentar-se livremente, enfim, criar um espaço vital e desenvolver uma existência normal sob a ameaça dos atos imprevisíveis de um dependente. Todos nós almejamos viver em paz e poder contar com um amanhã razoavelmente previsível. Isso, afinal, não é egoísmo, mas o direito a um conforto emocional e material mínimo. Daí em diante, precisamos avaliar nossos valores no que tangem ao egoísmo, altruísmo, autoridade, solidariedade, respeito, liberdade etc.

O próximo passo: a oferta de ajuda

Como então deverá ser a ajuda que objetiva em primeiro lugar a recuperação do dependente? Seria desonesto dizer, ou, sequer, pretender achar que temos uma solução pronta. Se ela existisse, não teríamos mais problemas com qualquer espécie de dependência. E nem devemos contar com essa possibilidade, pois como as causas e os efeitos das dependências são multifatoriais, as respostas são fatalmente múltiplas e multifaciais. Mas, por mais diversas que sejam as respostas e abordagens quando projetadas para o plano individual com as inúmeras facetas daí resultantes, elas possuem particularidades específicas e gravitam em torno de alguns conceitos e princípios centrais.

O primeiro fator característico relacionado à oferta de ajuda, que causa muita estranheza e para o qual aqueles que desejam ajudar não encontram explicação, é a resistência que o dependente contrapõe a essa oferta. Não se trata simplesmente de um delicado e educado declinar de uma mão estendida por excessiva modéstia ou vergonha, mas de uma recusa veemente e inflexível e que deixa claro, que novas ofertas nesse sentido não são bem-vindas. Os argumentos são simples e contundentes, alegando categoricamente e racionalizando o total e perfeito controle sobre a situação por parte do dependente.

A explicação para essa postura, tão incompreensível para o círculo social que oferece essa ajuda, é simples e clara para o dependente. Por um lado, *ele já experimentou numerosos fracassos* em tentativas anteriores de controlar sua dependência e assim simplesmente não consegue imaginar o dia seguinte sem a sua droga – ou então, sofrendo sob as manifestações de uma síndrome de abstinência. Por outro lado, e baseado nos mesmos condicionantes, *uma aceitação de ajuda exigiria um comprometimento de sua parte,* que ele, naturalmente, está convencido não conseguir cumprir. A lógica do dependente, portanto, não pode admitir qualquer oferta de ajuda e fundamenta solidamente essa posição refratária.

É, no entanto, importante ter em mente que, embora baseado em premissas falsas do dependente, do ponto de vista dele existem razões fortes atrás da sua resistência, e esse reconhecimento é decisivo para a elaboração de estratégias para superá-la. *Assim, por exemplo, a própria discussão dessas razões pode contribuir para uma reformulação dessas ideias, especialmente quando existir uma leve, mas não revelada, disposição para a aceitação de ajuda.*

Como pontos básicos e de influência crucial para a construção de um diálogo com o dependente, com a finalidade de se conseguir uma abertura para a ajuda, *deveria haver um bom conhecimento da sua personalidade, um razoável nível de empatia e uma considerável dose de flexibilidade e disposição para concessões* (desde que essas não envolvam facilitações). As pessoas que mais dispõem dessas qualidades são, dessa maneira, as mais indicadas para tentar estabelecer um diálogo produtivo.

De qualquer maneira, *o fato do interlocutor mostrar ao dependente que compreende (ou, pelo menos, procura compreender) sua situação e suas razões, e principalmente tenta conseguir seguir sua linha de raciocínio, pode conduzir a um enfraquecimento das defesas* erguidas pelo dependente e ajudar na consecução de uma abertura para o diálogo. Quanto maior for o conhecimento de causa sobre a dependência e os processos que ela desencadeia na mente do seu portador, melhores serão os resultados pelo simples fato de existir uma contra-argumentação mais sólida e mais eficaz na redução do espaço de manobras do dependente – *seus argumentos perdem consistência e poder de convicção.*

Outro aspecto importante a ser considerado por aqueles que se dispõem a oferecer ajuda a um dependente são o momento, as circunstâncias e o grau de intensidade e insistência com que isso é feito. Em primeiro lugar, *evite falar com ele* (sobre qualquer assunto, mas, acima de tudo, sobre sua dependência) *enquanto ele estiver sob o efeito de drogas*. Esse diálogo jamais será objetivo e harmonioso e, portanto, não poderá trazer qualquer resultado proveitoso, apenas produzirá desgastes. É preciso aguardar uma oportunidade de sobriedade.

Sem qualquer dúvida, *o momento mais oportuno para um diálogo é a "manhã seguinte", no acordar para a realidade*. Se, então, a volta para a casa foi tumultuada, a desordem que ele deixou deveria permanecer intocada para provocar um confronto silencioso do dependente com os efeitos deixados pelo estado em que se encontrava. A desordem deixada é um poderoso argumento comprobatório da ausência de controle sobre si e a situação, e que não precisa, sequer, ser verbalizado. Um gesto de solidariedade seria auxiliar na arrumação (talvez sem maiores comentários, que deveriam ficar para um momento mais oportuno), sinalizando com isso a disposição de ajuda.

Com relação às circunstâncias e o ambiente em que um diálogo de oferta de ajuda deve ocorrer vale, em princípio, o mesmo que devia ser respeitado em cada diálogo importante. Antes de tudo, *de preferência, um lugar neutro, por exemplo, um lugar público como um parque, um café ou um restaurante*. Quando for na própria casa, o ideal é que seja na sala ou na varanda, jamais no quarto do dependente, onde o domínio é dele. Outro aspecto circunstancial é o tempo. Se o tempo disponível for curto, é preferível aguardar outro momento, para colocar o diálogo numa camisa de força temporal, ou, pior ainda, ter de interrompê-lo porque o tempo disponível se esgotou. (Em princípio, valem as mesmas recomendações já discutidas em relação à abordagem interventiva.)

Ao falar de momentos especiais para a promoção de diálogos de profundidade que objetivem a oferta de ajuda a um dependente é preciso salientar que, na realidade, a disposição de ajuda deve estar sempre presente como pano de fundo, sem que a mesma constitua uma permanente pressão. *É preferível haver um constante clima perceptível de solidariedade construtiva a repetidas intervenções superficiais* (comentários mais ou menos vazios, reclamações rotineiras, "alfinetadas" e mensagens indiretas). Abordagens e observações superficiais em nada contribuem para a tomada de uma decisão significativa por parte do dependente – apenas banalizam o problema.

Solidariedade construtiva significa, por exemplo, agir ou contribuir no sentido de evitar atritos desnecessários e estéreis, oportunidades que induzam ao consumo da droga, à prática do jogo etc., mas, acima de tudo, significa estar presente para escutar e tentar entender (para aprender) com a mão estendida oferecendo ajuda.

Da mesma forma como a chave para uma recuperação reside na reconstrução da autoestima e da autoconfiança do dependente, a oferta de ajuda não pode dispensar esses ingredientes. *Sem a perspectiva de poder voltar a gostar de si e ter prazer em viver, uma aceitação de ajuda será difícil para alguém que perdeu a noção do próprio valor e se refugia apenas no passado em vez de se identificar com um projeto para o futuro.*

Ajudar com consistência

Na efetiva intenção de prestar ajuda, *o ponto de partida para qualquer intervenção deve ser a convicção de que toda dependência é uma alteração do quadro de saúde, ou seja, um estado de doença.* Se, por um lado, essa conceituação facilita a compreensão do dependente e de sua condição, e a consequente tomada de atitudes, por outro, leva facilmente a equívocos, obviamente com resultados decepcionantes e frustrantes.

Nesse contexto, o primeiro ponto a ser considerado, e que talvez desaponte muitas pessoas com esperanças de resultados definitivos, é o fato de que *não existe cura para a dependência – apenas uma recuperação*. Consequência disso é que não há tratamento ou uma medicação que anule os efeitos causados pela dependência e conduza o doente a seu estado original de saúde. Isso significa, *que o máximo que podemos almejar para o dependente é a suspensão do processo de desenvolvimento da doença e a manutenção desse estado de suspensão*. E a única maneira de conseguir essa suspensão é a abstinência – total e definitiva!

Não existem soluções paliativas, ou de meia medida! Muitos dependentes, como muitos familiares e outros círculos sociais do mesmo, alimentam falsas esperanças de um retorno ao consumo controlado (o consumo social, recreativo ou pontual). *A meia medida na busca de uma solução para a dependência produz também apenas uma meia solução,* ou seja, na melhor das hipóteses, uma melhora temporária. Todo dependente investe em tentativas dessa natureza, mas infalivelmente acabam em fracassos, gerando frustrações e, não raro, servindo de agravante para o posterior progresso da doença pela incrementada debilitação emocional, por sua vez provocada pela redução da autoestima.

Tratando-se de um, ou uma, doente, tal circunstância sugere que se deva proporcionar o máximo de conforto a essa pessoa como condição mínima para seu restabelecimento. Mas, especificamente *no caso da dependência, não devemos confundir conforto com facilitação!* Se o pretendido conforto tiver por objetivo promover o bem-estar emocional, reduzindo, por exemplo, angústias e tensões mediante um diálogo aberto, honesto e sem juízos, isso certamente será um valioso instrumento terapêutico. Se, no entanto, esse conforto for compreendido como generosidade no sentido da facilitação para a obtenção da droga (apenas para dar uma "folguinha"), para por meio dela combater tais angústias e tensões, o suposto conforto nada mais será do que cumplicidade mórbida com o dependente e o consequente progresso da sua doença!

Não há dúvida, de que ver o dependente sofrer as manifestações da sua síndrome de abstinência é doloroso tanto para um pai, como para uma mãe, ou para um cônjuge. Mas essa síndrome deve ser en-

tendida como sendo parte do processo de recuperação e é transitória, a dependência, e senão for interrompida, é eterna – até matar o dependente.

A ajuda a um dependente, portanto, envolve atitudes terapêuticas diferentes daquelas empregadas na cura de outras doenças, por exemplo, de quadros infecciosos.

Para começar, *a recuperação não depende de fatores externos, isso é, de medicamentos ou outros recursos medicinais, mas de fatores internos do dependente e que dependem da determinação do mesmo.* Eventuais medicações servem apenas para atenuar os efeitos da síndrome de abstinência e para acalmar o paciente em tratamento, ou para restabelecer suas condições gerais de saúde. No caso específico do alcoolismo, o efeito terapêutico de medicamentos à base de *disulfiram* é apenas indireto, pois incompatibiliza o consumo de álcool na presença dos mesmos, sob pena de provocar alterações metabólicas extremamente desconfortáveis – e até perigosas.

Toda a essência do rompimento com uma dependência reside na mudança de atitudes, hábitos e comportamentos[8]. Atitudes repetidas geram hábitos; hábitos repetidos desenvolvem-se para comportamentos – *atitudes novas produzem hábitos novos; hábitos novos criam comportamentos novos.* Cabe destacar que essa lei não funciona no singular, ou seja, um número significativo de atitudes relativas a um mesmo conjunto de fatos e situações é necessário para gerar um hábito novo e outro tanto para consolidá-lo. Da mesma forma, muitos hábitos numa mesma direção são precisos para desenvolver um comportamento novo.

Essa afirmação projeta um processo a seguir; todavia, ao mesmo tempo revela que nesse aspecto não existem resultados imediatos. E quem deseja ajudar a um dependente deve estar consciente disso. No caso das dependências, há um agravante a ser considerado: *o hábito de consumo de drogas, apesar das consequências negativas posteriores, gera inicialmente momentos de prazer, correspondendo a uma busca do mesmo, seja por deliberação do usuário, seja por compulsão.*

---

8 Ver Rehfeldt, Klaus H. G. *Competência Social.* Edifurb, Blumenau 2003, pág. 72.

Em sua essência, *toda a ajuda a ser prestada a um dependente disposto a conseguir a abstinência de sua droga resume-se em fortalecer a vontade do mesmo de conseguir seu objetivo – o resto está nas mãos (e na cabeça) dele!*

Na prática, *para discutir formas produtivas de ajuda, devemos partir do pressuposto de haver uma aceitação, mesmo relutante, de ajuda por parte do dependente.* Do contrário, qualquer resposta a uma iniciativa desse gênero certamente não passará de uma simulação ou enganação mais ou menos bem-feita. E como já afirmamos anteriormente, a ajuda tem de ser honesta e sem segundos propósitos, isto é, deve exclusivamente visar o benefício do dependente. Essa honestidade inclui, por outro lado, *a aceitação da premissa de que mudanças provêm de dentro da pessoa e que terceiros, no máximo, podem estimulá-las, jamais promovê-las.*

Embora, como já foi dito, não exista uma receita pronta, nem qualquer garantia de sucesso para pretendidas ações de ajuda, a observação de alguns princípios pode contribuir para uma maior margem de êxito nessa empreitada.

Algumas medidas úteis têm caráter indireto, como a criação de um ambiente tranquilo e favorável a diálogos que possam conduzir a uma abertura. Todavia, *tranquilidade não deve sugerir frouxidão, mas o conforto necessário para um diálogo aberto e sincero poder se desenvolver,* o que, obviamente fica prejudicado num lugar barulhento e agitado pela frequência de outras pessoas. Antes um banco de praça do que a sala de visitas com toda a família em casa.

Ao falar em sinceridade, é preciso insistir na absoluta honestidade na base de todo diálogo. *Essa honestidade deve incluir a colocação de dúvidas quando um interlocutor não estiver convencido da autenticidade das afirmações ou manifestações do outro. Não poderão, sob qualquer hipótese, permanecer dúvidas ou desconfianças.* Isso pode ser muito difícil para um dependente entrincheirado atrás das suas defesas que lhe garantem seu *status quo*. Assim, a percepção de total honestidade deve contribuir para que desenvolva uma boa dose de confiança que possa depositar no interlocutor. E isso é essencial para uma abertura!

A honestidade não deve, todavia, apenas limitar-se a palavras – acima de tudo é uma questão de atitudes e posturas. Para o dependente, que se dispõe a dialogar sobre seus problemas, não basta receber conselhos honestos, ele espera encontrar uma pessoa que lhe sirva de referencial e isso inclui um requisito primordial: *ouvir e discutir, sem julgar!* Julgar, quando existe um flagrante desvio de comportamento, significa atribuição de culpa o que, no contexto familiar, é extremamente controvertido e, principalmente, em nada contribui no processo da busca de uma solução. (Para suas necessidades internas – e é isso que interessa – o próprio dependente acaba resolvendo os aspectos da culpa em algum momento futuro depois da sua recuperação.)

E convém repetir: os pais devem definitivamente abandonar a tentativa de identificação de culpas pelo simples fato de que nenhum pai ou mãe, em sã consciência, educa seus filhos facilitando ou até estimulando a entrada no uso de drogas – cada pai ou mãe procura educar seus filhos da melhor maneira possível de acordo com seus conhecimentos, suas convicções e possibilidades. (Seria ingênuo não admitir que existam pais, em geral eles próprios usuários, que toleram o uso de certas drogas e de determinados modos de uso pelos seus filhos – o que, aliás, constitui crime! –, mas não pretendemos entrar detalhadamente nesse assunto, porque para esses o presente trabalho não seria útil na forma da sua concepção.)

Outro aspecto importante é *estabelecer regras claras, tanto para os diálogos, quanto para as atitudes posteriores.* Para um diálogo, isso impõe certa disciplina aos participados, e tais regras devem procurar evitar atribuições de culpa, justificativas desnecessárias e inúteis, divagações e desvios do foco. São aspectos a serem observados principalmente pelo dependente, mas também existem regras para o interlocutor, e que talvez sejam mais importantes: em primeiro lugar, ouvir, sempre elogiar (a atitude, o procedimento, não o resultado) quando couber um reconhecimento, e só depois tentar aconselhar – tudo isso, com manifesta fé no indivíduo e na sua capacidade de construir seus valores.

Posteriormente, como resultado desse diálogo de oferta de ajuda *deveria nascer um compromisso de mudança de comportamen-*

to em busca da abstinência por parte do dependente. Esse compromisso incluiria regras claras e bem definidas entre os interlocutores, um tipo de contrato. Como um dos principais ingredientes, ao lado do comprometimento com a abstinência da(s) droga(s) e a eventual procura de ajuda externa (grupo de ajuda mútua, programa terapêutico etc.), deve constar o cumprimento de periódicos encontros previamente aprazados.

A formulação clara deve eliminar ao máximo qualquer necessidade de improvisações, que pela sua natureza abrem espaço à indisciplina e oportunizam "pequenos ajustes", ambos desaconselháveis quando se trata da fixação de caminhos e objetivos bem delineados. É importante lembrar aqui que *a recuperação de uma dependência não é apenas um ato decisivo, um evento definitivo – aqui se trata de um processo mais ou menos longo e que não necessariamente evolui de forma linear, mas sim, cheio de avanços e retrocessos.* Não devemos esquecer que até aqui o estado emocional de cada momento do dependente estava diretamente ligado à presença de drogas e agora é fortemente determinado pela sua falta – e as consequências dessa ausência.

A partir da sua posição privilegiada, a pessoa procurada pelo dependente (ou que ofereceu a ajuda que foi aceita) deve tentar determinar os próximos passos a serem dados e estabelecer os procedimentos seguintes. Por sua vez, o dependente – no seu papel de beneficiado – geralmente aceita tais condições, achando que não tem o direito de discuti-las. Porém, *um excesso de submissão deve ser evitado por várias razões. Em primeiro lugar, porque a submissão anda na contramão da reconstrução da autoestima do dependente* que, na falta de participação com opiniões próprias, se vê reduzido a um mero cumpridor de ordens; em segundo lugar, mas não menos importante, devemos considerar o fato de que *a falta de uma contribuição própria na projeção e no planejamento do seu futuro pode facilmente servir de argumento para um não comprometimento – especialmente em casos de recaída.* Aliás, não raro, essa percepção de uma saída pelos fundos acaba fazendo parte não confessa da aceitação de 'imposições', transformando-se em estratégia de escape para quando for necessário. Abre-se o espaço ao: "eu sabia que não ia dar certo, mas não me perguntaram ..." Portanto, *é extre-*

mamente importante que o dependente participe ativamente na elaboração do seu projeto de recuperação, avaliando, construindo e assumindo as medidas acordadas entre ele e seu "monitor".

Dito de outra maneira, é indispensável que quaisquer medidas futuras sejam 'negociadas' com o dependente e obtenham sua expressa anuência, constituindo-se dessa maneira num compromisso, numa obrigação moral. Há quem defenda a necessidade de se colocar tais medidas no papel a ser formalmente assinado pelos participados com o propósito de dar um maior peso moral ao compromisso assumido.

Nessa 'negociação', todavia, deve-se tomar muito cuidado em não entrar em negociações irrealizáveis pelo dependente – eventualmente tentando enganá-lo para a consecução de uma concessão, ou prometendo coisas irrealizáveis. *Os estímulos podem ser ilimitados; promessas e ameaças, não; essas devem permanecer dentro dos limites do factível.*

Todo compromisso deve ter – e naturalmente subentende – "sanções", ou medidas acauteladoras (da suspensão de outras voluntariedades à expulsão de casa), para a eventualidade do seu descumprimento. Ocorrendo a necessidade de aplicação de tais medidas *é preciso ser cauteloso no sentido de evitar ameaças para cujo cumprimento não existe uma sincera disposição, ou que na hora da concretização não podem ser cumpridas.* Os compromissos, as promessas e ameaças podem ser difíceis de ser executados, mas devem estar sintonizados com a capacidade de realização do dependente e do ofertante de ajuda. Do contrário, valeria a mesma argumentação da aceitação submissa ou incondicional.

Um ponto, porém, é inegociável: a concessão de quaisquer facilitações, por menores que sejam ou insignificantes que pareçam, para o consumo da droga (ou da prática de hábitos de dependência). Nesse caso, o "não" deve ser inflexível e não pode admitir qualquer brecha! Uma concessão mínima tornar-se-á um precedente e será fatal! Durante o processo de recuperação, o dependente, na busca de facilitações, costuma argumentar com sua já novamente adquirida capacidade de controle absoluto sobre sua situação. Os contra-argumentos, nesse caso, devem ser exclusivamente factuais: chamar atenção para as últimas manifestações havidas da síndrome de abstinência (que, conforme a droga consumida, persistem por semanas e meses, embora com gravidade decrescente) e o fato que não existe meia abstinência, como não há meia vida, nem meia morte.

Especialmente quando o dependente é filho, embora em idade de adolescência tardia, na hora dessa negociação dois aspectos devem ficar absolutamente claros: *a uniformidade de procedimentos entre os membros da família perante o dependente e a constelação hierárquica da família.* Dependentes costumam ser, como já foi dito, exímios manipuladores que, para a obtenção de seus objetivos, tumultuam o círculo social no qual se encontram inseridos, seja inconscientemente, seja como estratégia. Para evitar isso, eles devem ver-se perante um grupo homogêneo, monolítico em suas concepções e atitudes.

Isso, por sua vez, exige que esse grupo troque continuamente ideias a respeito dos problemas decorrentes da dependência e afira atitudes e posturas. Não apenas *é inadmissível que existam respostas divergentes entre os vários membros do círculo social,* ou da família, como também *não pode haver a transferência de respostas para outros membros na forma de um "fale com fulano ...".* Todos devem ser consequentes; todos devem saber dizer "não"! *Porém, todos devem também valorizar qualquer progresso, por menor que possa parecer, reconhecendo o mérito e elogiando os feitos, mesmo que sejam apenas tentativas sem os resultados esperados!* Essa uniformidade não é apenas uma estratégia de defesa do próprio grupo, mas serve de referência inquestionável ao dependente. Ela não deixa espaço para ambivalências, nem para dúvidas.

Por último, uma reflexão extremamente importante deve estar presente na família ao tentar ajudar um dos seus membros a se recuperar do abuso ou uso indevido de drogas. *Os pais, por exemplo, não devem se iludir de que consigam mudar um filho adolescente, muito menos um filho adulto. O máximo que podem aspirar é reorientar sua conduta – eventuais mudanças só conseguem ser processadas pelo próprio filho.* Mudanças comportamentais e de condução da vida podem ser estimuladas por terceiros, mas são geradas unicamente dentro de cada um! E para uma *reorientação* ser frutífera, possivelmente os próprios pais devem promover mudanças em si mesmos. É na base dessa autogestão de uma mudança que reside a necessidade de um processo deliberado e voluntário para operar uma correção nos rumos da vida.

A compreensão do anteriormente exposto permite, enfim, definir claramente o que se deve buscar na tentativa de ajudar um dependente: *o objetivo final não deve ser uma vida sem drogas, mas uma vida plena na qual não existe lugar para drogas!*

9. Se for o caso, reconheça sua incompetência

Despreparo para a complexidade da dependência

Ninguém está preparado para enfrentar o surgimento de uma dependência em sua vida ou na vida de alguém da sua família ou do seu círculo social. Salvo quando já vivenciou uma situação dessa natureza. *As informações de que dispomos no universo das dependências químicas restringem-se essencialmente à prevenção primária, ou seja, esclarecem sobre as drogas, suas características e seus efeitos, e alertam contra seu consumo.* Esse tipo de esclarecimento é hoje dado, em variáveis graus de qualidade, à criança desde os primeiros anos de sua formação pré-escolar e escolar.

Diferente é o caso da *prevenção secundária ou terciária, isto é, são os trabalhos de recuperação do dependente e a evitação de retorno ao consumo – a recaída.* Mesmo a grande maioria dos profissionais de saúde não possui informações mais aprofundadas nessa área, salvo quando adquiriram e dispõem de conhecimentos específicos e trabalham diretamente com dependências químicas ou de outra natureza. Mas os especialistas são poucos e esses geralmente solidificaram seus conhecimentos em longos anos de trabalho nesse campo.

Essa constatação é importante de ser feita para desfazer *um silogismo: (bons) pais deveriam saber como lidar com seus filhos quando descobrem que os mesmos estão tendo problemas com drogas.* Via de regra, eles não sabem e nem poderiam saber. Uma mãe sabe como cuidar de um filho ou marido com gripe ou de lidar com uma crise de asma; mas as particularidades do enfrentamento de uma dependência, como foi visto anteriormente, excedem sua capacidade de cuidados maternos. Um pai sabe utilizar sua autoridade no estabelecimento e cumprimento de regras para uma vida respeitosa e honesta; no entanto, nunca aprendeu a lidar com as ardilosas manipulações de um dependente em busca da obtenção de suas drogas.

Nesse campo, tudo é incerto, imprevisível e incompreensível para as pessoas que constituem o círculo social do dependente. Daí, todas as ações e reações não passarem de improvisações, baseadas na suposta existência de uma consciência racional e alimentadas pela esperança de "um dia ele vai parar" – ambas, ilusões.

Se, por um lado, há na maioria dos casos um desfecho de ruinoso a fatal, por outro, existem aqueles bem menos numerosos que justificam essa esperança. Entretanto, de uma maneira geral, o resultado prático dessa junção de fatores, em última análise improdutivos, é uma imensa perda de tempo e, com isso, um agravamento da situação. Tal perda de tempo não raro atinge, ou até ultrapassa, os dez anos.

São oito, dez, doze anos marcados por perdas crescentes alternadas com *promessas não cumpridas* por parte do dependente, e caracterizados por *uma paralisia provocada pela aceitação apática e resignada da situação, e ameaças vazias* feitas pelas pessoas que acompanham a situação. Os membros do círculo social do dependente tornam-se codependentes, o que também significa o ajuste das próprias vidas a essa realidade e a consequente impotência, confessa ou não, diante das condições impostas pela dependência. É a aceitação do mandacaru no meio da sala. O dependente e a dependência podem até ser criticados e contestados, mas, enfim, são tolerados, acomodados e incluídos no cotidiano da família.

Uma ruptura nesse processo costuma se projetar quando começam surgir conflitos mais sérios entre os codependentes. São as brigas que surgem entre os pais de um filho dependente; como em quase todos os casais, costuma haver uma pessoa mais tolerante e outra mais rigorosa, o que realimenta as divergências. *As discussões e brigas acabam redundando em crises matrimoniais sérias, arrastando toda a família em direção a um abismo de desestruturação.* Com um único ganhador – *o dependente,* que encontra o campo aberto para suas manobras de enganação e manipulação que garantem a continuidade do seu *status quo.*

Nessa hora, com o deslocamento da prioridade para o salvamento do casamento ou a reconstrução da harmonia familiar, *ganha força a inadmissibilidade da impotência diante da situação. A necessidade de procurar ajuda ganha contornos.* Contudo, a família tem, em geral, plena consciência da ligação entre a dependência e a crise de relacionamento entre os codependentes (embora não se entendam como tais, e nem admitam a possibilidade de aceitar tal papel).

A vivência de conflitos cada vez menos reconciliáveis com o cônjuge, somada à perspectiva da perda do filho dependente de drogas, por exemplo, supera, finalmente, a relutância provocada pela incerteza, a vergonha e o medo do confronto com a verdade.

A necessidade de ajuda para quem quer ajudar

Se até aquele momento nada de definitivo tinha sido feito no sentido de dar passos decisivos em direção a uma solução para a dependência, *o medo do confronto com a verdade e da necessidade de um posicionamento firme e irredutível foi certamente uma das causas para essa postergação.* A ideia de procurar ajuda na forma de um tratamento psiquiátrico ou uma terapia psicológica envolve, sem dúvida, um estigma muito forte já que orbita os mesmos campos clínicos e núcleos terapêuticos da doença mental, ela mesma altamente estigmatizada.

Mais forte, porém, é o sentimento de vergonha. *A convicção de que "na nossa família, isso não vai/não pode acontecer" contribui decisivamente para que eventuais suspeitas sejam abortadas durante muito tempo, ou seja, enquanto ainda existem mínimas condições para dúvidas.* E, obviamente, essas convicções são externadas perante amigos, conhecidos, colegas etc. Daí, repentinamente, ter que admitir que "a fortaleza caiu" não é fácil. *Qual mãe ou pai sente-se bem ao confessar que seu filho tem problemas com drogas?* Não sabem eles que, na maioria dos casos, os pais são os últimos a tomar conhecimento de uma situação dessas.

Muitos dos tais amigos, conhecidos, colegas etc. já sabem, ou, pelo menos, desconfiam da presença de drogas na vida desse jovem. *Eles, todavia, não se manifestam por várias razões:* ou porque *supõem que os pais conhecem a realidade e,* assim, *não querem desnecessariamente provocar sentimentos de vergonha nos mesmos, ou não têm certeza sobre a real extensão do envolvimento* do filho com drogas, ou, e é o que na maioria dos casos acontece, *não querem se incomodar e preferem olhar para o lado.* Mas sabem, simplesmente porque observam e enxergam as coisas, especialmente eventuais mudanças, sem paixões e com objetividade. (Ver Quadro 6: Principais indícios para o consumo funcional de drogas.)

A vergonha está estreitamente ligada ao sentimento de culpa. Daí, uma vez que a família perceba que não lhe cabe culpa pela doença de um dos seus membros, deve deixar a vergonha de lado, procurar medidas objetivas e dar passos construtivos à procura de uma solução. *É preciso que os pais se convençam que medo e vergonha só entravam ou retardam a busca e a obtenção de respostas. E, enquanto eles relutam, os problemas aumentam.* Muitas vezes, a decisão (não necessariamente salvadora, mas sempre promissora) e o ato de coragem costumam finalmente resultar de um episódio especialmente grave e que pode ser claramente vinculado a um suposto ou suspeito consumo de drogas.

Quando esse episódio não envolve entidades como a polícia ou um órgão de saúde, que por sua natureza podem condicionar os próximos passos em busca de ajuda, a primeira opção deve ser a consulta com um médico que, de preferência conheça o dependente e a família. Se esse médico admitir não ter conhecimentos específicos para uma resposta efetivamente construtiva, certamente poderá fazer indicações para alternativas. *Se for psiquiatra ou psicólogo, esses pais estarão num endereço mais indicado, especialmente quando se tratar de especialista em dependências químicas.*

Muitos pais e familiares, entretanto, não querem expor-se, preferindo ficar no anonimato. Para eles, *oferece-se a opção dos grupos de ajuda mútua*. São grupos de dependentes e seus familiares que, imbuídos da vontade de superar suas respectivas dependências e codependências, procuram respostas e apoios em pessoas com problemas idênticos ou parecidos. São homens e mulheres que buscam, ou já conseguiram, superar sua doença fazendo abstinência. *Além da ajuda sem reservas, uma das suas principais preocupações é a discrição.* Mesmo que o próprio dependente não esteja disposto a frequentar um desses grupos de "anônimos", os familiares encontrarão, nas reuniões específicas para eles, numerosas e ricas sugestões e inspirações para a conduta mais apropriada do seu caso.

As principais religiões cristãs possuem serviços de aconselhamento para dependentes químicos (mas também dependentes de outra natureza) e seus familiares. Esses, em geral, trabalham com certa ênfase na recuperação por meio da fé. Mas também o diálogo com o próprio religioso (padre, pastor/a) pode ser de extrema ajuda para encontrar um rumo a tomar e para recarregar energias para novos enfrentamentos. (Muitas vezes, o próprio dependente, depois de ver fracassadas inúmeras tentativas de promover a saída de seus problemas – que não incluem necessariamente um projeto de recuperação –, recorre frequentemente a vias e recursos transcendentais em busca de respostas.)

A dependência e sua recuperação são assuntos demasiado complexos para conseguir ser resolvidos apenas com bom senso e amor. Ainda mais que aqueles mais indicados a servir de suporte num processo de recuperação, acabam se tornando também vítimas dessa dependência ao se tornarem codependentes e com isso sofrem desvios de foco e perdem a objetividade em seus juízos, suas projeções e suas posturas. *Contudo, também não se pode deixar de mencionar os numerosos casos em que famílias, com seus próprios recursos limitados e esforços imensuráveis, conseguiram promover a recuperação de um de seus membros – além dos inúmeros casos de recuperação conquistada pelo esforço único do dependente. Porém, muito tempo, muito desgaste pessoal e muitas tentativas infrutíferas podem ser poupados e evitados pela procura de meios de ajuda externa nos primeiros sinais ou suspeitas de um uso indevido ou abuso de drogas, ou outras práticas causadoras de dependência.*

10. O final feliz existe? Para quem?

Os obstáculos são grandes ...

Um final feliz, hollywoodiano, é o que toda mãe e todo pai espera para um filho dependente químico, é o que esperam todos os familiares e amigos dele. Existe motivo para essa esperança? *Que chances tem um dependente químico de reencontrar uma vida normal – realmente uma vida, não apenas um período mais ou menos longo?*

De fato, as recuperações mal sucedidas, os desfechos fatais são inúmeros. *O slogan "as drogas matam" não é vazio, não é invenção!* As drogas matam pelos seus efeitos diretos sobre o organismo humano, corroendo e destruindo seus órgãos e inabilitando as funções físicas, sensoriais e mentais do organismo humano. E elas matam pelos seus efeitos indiretos, corroendo e destruindo o ser humano socialmente, tornando-o joguete nas mãos daqueles que conseguem (ainda) tirar algum proveito da sua existência (por exemplo, os traficantes). *Muitas vezes, um acidente fatal sob efeito de alguma substância psicoativa ou por uma bala por causa de drogas não pagas é apenas o atalho para um caminho tortuoso e sofrido para a mesma estação final.* Essas trajetórias são a matéria-prima das manchetes da mídia. As drogas matam! Outras dependências, também!

Existe, porém, alternativa, que não é sensação-desgraça e, por isso não aparece na mídia, embora, essa sim, mereça destaque e aplausos!

O desenvolvimento da doença é, na verdade, igual a qualquer outra doença grave não devidamente tratada, seja ela uma tuberculose ou um quadro infeccioso que escapa da capacidade regenerativa do organismo. *O que se soma a essa progressão no caso da dependência é a deterioração moral e social.* Outra característica típica das dependências são as transformações orgânicas e psíquicas provocadas pelo uso prolongado de uma ou mais drogas, e que são em maior ou menor escala definitivas, ou seja, permanentes. Dessa particularidade resulta o fato de que a dependência como doença não tem cura, mas somente admite a recuperação mediante a suspensão do consumo da(s) droga(s). Essa suspensão tem por resultado a cura, aqui sim, de diversos quadros clínicos subjacentes, produzidos pelo consumo intenso ou prolongado dessas substâncias, todas elas tóxicas em maior ou menor grau.

Há quem use o termo "reabilitação", que conceitua perfeitamente o processo de recuperação; mas é interpretado por alguns dependentes como reabilitação ao consumo social, "pacífico" e "recreativo" inicialmente praticado pelos mesmos. Não é o caso.

Tecnicamente, o processo de dependência é passivo de suspensão e os efeitos secundários são amplamente – talvez, dependendo da gravidade, não totalmente – reversíveis. Isso soa fácil; todavia, quem já experimentou uma dependência na própria pele ou conviveu de perto com um dependente conhece as tremendas dificuldades e obstáculos existentes no longo e tortuoso caminho entre a intenção de promover essa suspensão e a efetiva consecução dos objetivos.

Além dos sofrimentos físicos provocados pela síndrome de abstinência e que constituem a primeira grande e dolorida provação no caminho de retorno, *tormentas psíquicas na forma de angústias, depressões, nervosismo, irritação e outras mais sensações desagradáveis intercalam com momentos terríveis de compulsão em busca da droga.* É verdade, que existem medicações cujo objetivo específico é o de atenuar os efeitos dessa síndrome; porém, *há profissionais na área terapêutica que defendem que exatamente essas manifestações podem ser úteis, ou necessárias, para o dependente entender a gravidade da sua situação de saúde física e mental.* Uma das distorções da dependência é a negação dessa gravidade não apenas para os outros, mas também para si mesmo. Para tanto, costuma registrar e sobrevalorizar apenas os momentos em que se sente melhor – eventualmente sob o efeito da droga. *A experiência da síndrome de abstinência pode finalmente convencer o dependente do contrário!*

A todos esses fatores complicadores experimentados em variados graus pelo próprio dependente, somam-se muitas vezes *os efeitos provocados pelo desconhecimento ou pela má compreensão do processo de recuperação por parte do seu círculo social.* Tais efeitos vão de incredulidade claramente demonstrada e manifestas dúvidas no sucesso da recuperação a facilitações abertas ou camufladas para esporádicos consumos da droga "para aliviar um pouco o sofrimento do coitado, senão, é capaz de ele desistir".

Tudo isso mostra que *uma das condições essenciais para uma recuperação bem-sucedida do dependente é a prévia, ou, pelo menos, simultânea, recuperação dos codependentes.* Como já foi visto, essas pessoas não requerem necessariamente um plano terapêutico para si. Mas é indispensável que sejam informados e instruídos sobre a dependência como doença, seus efeitos e as maneiras apropriadas para enfrentá-los. Quando o dependente recebe assistência terapêutica ambulatorial ou clínica, elas necessitam ter conhecimento sobre aspectos individuais a serem observados para facilitar a recuperação.

Para um suporte durante a recuperação, valem basicamente as mesmas regras já discutidas com respeito ao oferecimento de ajuda ao dependente. Há, porém, um aspecto a considerar: se para a oferta de ajuda o fracasso já experimentado apenas adiou a aceitação da mão estendida, *o cometimento de eventuais impropriedades na ajuda proporcionada* (facilitações, concessões de precedentes etc.), durante a recuperação, *coloca em risco todo o processo em andamento.* Uma recaída nesse ponto fatalmente interromperia o mesmo, deixando no ar – quando não for expresso abertamente – a impressão, embora falsa, do infactível.

Aqui não se trata apenas de oferecer ajuda sem um maior compromisso com os resultados, por maior que seja a vontade de que esses sejam positivos. *O que agora está envolvido vai muito mais fundo – é a reconstrução de um ego, o revigorar de uma personalidade.* Uma personalidade que tenha como fundamentos uma sólida autoestima, ampla autoconfiança e reconhecida aceitação social. É o reencontro consigo mesmo, embora isso nem sempre se processe no plano da consciência.

É fácil imaginar que isso exige tempo; às vezes, muito tempo. *Apenas depois do desaparecimento dos efeitos das drogas consumidas, da confrontação com uma nova realidade factual e emocional, e da identificação de novos referenciais de vida começará lentamente o estabelecimento de novos objetivos com novos caminhos, e a busca de novos valores.* Esse processo não é programático; todavia, resulta essencial e dialeticamente da experiência vivida. Na confrontação com situações do cotidiano, surgem novas interpretações da realidade e novas respostas – certas e erradas. E, às vezes, as erradas são muito mais úteis e importantes que as certas, porque, além do seu caráter de lição, servem de motivo para novas reações e posturas.

Com relação à pergunta sobre quem pode, ou não, recuperar-se de uma dependência, cabe uma resposta simples e clara: *todos, com exceção daqueles cuja estrutura mental tenha sido afetada de forma tão significativa que não mais conseguem determinar seus próximos passos* como, por exemplo, um quadro de demência alcoólica. Naturalmente, quanto menos enraizada for a dependência, melhores são as chances para uma recuperação. Entretanto, tecnicamente, salvo os casos clínicos que a impeçam, a possibilidade para uma recuperação existe para todos.

... mas são vencíveis

O objetivo deste trabalho não inclui analisar as diversas opções terapêuticas ou discutir a validade desse ou daquele princípio ou método terapêutico. Fato é que até este momento, nenhuma opção conhecida conseguiu reunir com sucesso em seus planos terapêuticos os milhares de diferentes momentos e fatores que foram decisivos para a superação definitiva de dependência de milhares e milhares de pessoas. Muitos dependentes percorreram vários grupos de ajuda mútua e entidades terapêuticas ambulatoriais e clínicas, além de outras opções de ajuda, entre espirituais e esotéricas, até finalmente encontrar sua motivação definitiva num argumento, às vezes, inusitado, ou aparentemente insignificante. *Na realidade, todas as tentativas contribuíram para o êxito final, são gotas no enchimento do copo; mas sempre é preciso haver uma última para o copo encher e transbordar.*

Procurou-se localizar, identificar e discutir causas e efeitos na origem e no desenvolvimento de dependências, e aspectos que possam contribuir para um enfretamento mais adequado possível das realidades e dos fenômenos produzidos por essas dependências para que uma possível oferta de ajuda seja mais rápida e prontamente aceita, conduzindo, finalmente, a uma recuperação bem-sucedida.

Não resta a menor dúvida de que pessoas portadoras de uma dependência precisam de ajuda, do contrário já teriam resolvido seus problemas. Essa ajuda, para poder ser eficaz precisa ser aceita – quanto mais coerção esconder-se atrás da oferta, mais duvidosos são os resultados. A aceitação, por sua vez, depende de uma constelação de fatores que proporcionem um razoável conforto e perspectivas positivas ao dependente em assim proceder.

Está amplamente comprovado que, embora agentes extrafamiliares (por exemplo, o empregador) possam ser eficientes *na ajuda oferecida em busca de uma recuperação, o ambiente mais favorável para tal é a família ou, eventualmente, um grande amigo* (onde incluímos o parceiro conjugal em qualquer relação não "oficial"). Contudo, tudo depende de uma linha de ação previamente acertada com o dependente e seguida consequente e rigorosamente – conjugada a uma boa dose de amor ao próximo e fé no sucesso.

Outro fato decisivo nesse processo é a perseverança. Quem se dispõe a oferecer ajuda deve estar preparado a sofrer reveses e frustrações como (às vezes inúmeros) obstáculos e insucessos ao longo do percurso, muitas vezes dando a impressão que as coisas estão piorando em vez de melhorar. *Todos os esforços, porém, mesmo os infrutíferos, somam para um resultado final.*

Se os ingredientes essenciais como a oferta de suporte e ajuda com a correspondente aceitação, procedimentos claros e bem definidos, a perseverança e – principalmente – amor, estiverem presentes e forem adequadamente utilizados, as perspectivas de êxito na forma de uma superação definitiva são extremamente boas. Ninguém sai de uma dependência sem um forte motivo – e quem desejar fazer parte desse processo, deve ser parte (desinteressada!) desse motivo.

Encerrando, a Oração da Serenidade, adotada por quase todos os Grupos de Ajuda Mútua, de certa forma, sintetiza tudo que aqui foi exposto:

*"Concedei-me, Senhor,
a serenidade de aceitar as coisas que não posso mudar,
coragem, para mudar aquelas que posso,
e sabedoria para distinguir umas das outras.
Amém."*

Anexo 1

A carreira da dependência. Da entrada a uma possível saída da mesma

Ninguém se torna dependente de um dia para o outro. O caminho é insidioso e apresenta, entre outras, as seguintes características:

a) no princípio há o prazer: o consumo de uma substância ou a execução de atitudes representa alguma coisa especial – um ritual prazeroso e não cotidiano;

b) o especial torna-se hábito: a pessoa necessita cada vez mais de uma substância ou de um determinado comportamento, passando a ser cotidiano. O corpo e a mente acostumam-se à substância química ou a tal comportamento. Aumenta a tolerância. Por isso, a dose ou a dimensão deve ser gradualmente aumentada com o tempo para garantir o mesmo grau de efeitos. Esses são, frequentemente, sinais claros de uma dependência em desenvolvimento;

c) a gradual perda de controle: a pessoa perde crescentemente o controle sobre seu desejo de consumir a droga e sobre seus comportamentos, até perder toda a capacidade de comando sobre ambos – ela passa a ser comandado por eles. Ela não domina mais suas vontades e desejos no que se refere direta ou indiretamente à droga ou ao hábito de consumo. A pressão exercida pelos mesmos é mais forte. O hábito desenvolveu-se para uma dependência, cuja força e poder recrudescem. Nessa fase, já podem aparecer os primeiros sinais de síndrome de abstinência por ocasião de uma eventual suspensão do consumo. Os prazeres naturais da vida (p. ex.: assistir a espetáculos, apreciar as novidades de uma viagem) perdem seu significado;

d) a dependência: o consumo, ou a frequência e duração de execução do hábito, não mais conseguem ser controlados. Eles tornam-se foco primordial, talvez até único, dos seus objetivos. Quando o usuário fica impedido de realizar a conduta dependente (p. ex.: a reunião já dura mais de 3 horas e ele não pode recorrer à sua garrafinha no bolso, ou, em determinado momento, ele está sem dinheiro para um joguinho) começam aparecer sentimentos de desconforto e frustração e a tentativa de controlar essas manifestações ocupa a pessoa totalmente. A compulsão domina seus pensamentos e atos;

e) a negação: menções feitas ao dependente com relação ao seu consumo de drogas ou seu comportamento são categoricamente negadas e eventuais dificuldades como a solução de problemas do cotidiano (p. ex.: no trabalho ou no relacionamento com outras pessoas) são racionalizadas. Esse período pode estender-se por anos e quanto mais tempo durar, maiores serão os prejuízos para a saúde e para a vida econômica e social;

f) a admissão da situação: a maioria das pessoas atinge o ponto em que, geralmente por pressão externa, ou em decorrência de um episódio especialmente grave, é obrigada a admitir (inicialmente só para si mesmas) que tem um problema com uma substância ou uma conduta dependente. Quando essas pessoas conseguem realmente admitir suas dificuldades e identificar as verdadeiras causas (a dependência e seus efeitos) está dando o primeiro passo decisivo em direção a uma possível recuperação;

g) a cogitação de mudanças: inicia-se lentamente um confronto crítico com a realidade. A consequência pode ser a procura de contatos (muitas vezes de maneira camuflada) com pessoas que conseguiram uma saída das drogas ou de uma conduta dependente, com um grupo de ajuda mútua, ou com alguém que já tenha oferecido ajuda ou que simplesmente inspira confiança;

h) os primeiros passos: as manifestações físicas da abstinência são apenas um aspecto do processo de recuperação e podem, dependendo da droga, envolver bastante sofrimento. A dependência psíquica, contudo, é ainda muito mais difícil de ser superada já que inicialmente surge um grande vazio e, com isso, desorientação. O afastamento de "amigos" e companheiros de consumo aumenta essa solidão. Nesse momento, começam a surgir as primeiras reflexões relativas aos efeitos da dependência sobre a própria pessoa e seu círculo social. Novas perspectivas, no entanto, demoram a aparecer. Com isso, a realimentação da autoestima prossegue ainda lentamente por falta de resultados palpáveis e vivências construtivas. O crescente distanciamento temporal do período de consumo de drogas, ou da execução de condutas dependentes, aumenta a resistência aos episódios de compulsão, que, por si, tendem a ocorrer a intervalos cada vez maiores;

i) recaída: são raros os casos em que o dependente consiga sua recuperação sem alguma recaída. A maioria das pessoas sofre várias recaídas antes de vencer definitivamente a luta contras as drogas ou as condutas dependentes. São momentos de desespero, da desesperança e da autocondenação pela suposta fraqueza. Mas essa fragilidade também revela o grau de dependência em que a pessoa se encontra e sugere cautelas redobradas para o futuro. Importante é reconhecer que uma recaída não pode ser motivo para impedir uma nova tentativa;

j) a superação: quando finalmente se conseguiu a definitiva abstinência da droga ou da conduta dependente (aliás, o número de pessoas bem-sucedidas na superação de uma dependência é muito maior do que muitos imaginem; muitos que tiveram essa experiência na vida simplesmente não gostam de falar sobre isso) é preciso que a pessoa crie novos objetivos e consolide a reformulação de valores que já vem se desenvolvendo durante o processo de recuperação. Da mesma forma, a pessoa deve reconhecer e aproveitar a nova chance de conduzir uma vida autônoma pelos caminhos por ela determinados.

Anexo 2

O projeto "Clareza" e o livro "Eu Gosto de Mim!"

Inúmeros levantamentos e pesquisas já foram realizados com o intuito de, num primeiro momento, investigar as causas, os efeitos e as dimensões do uso indevido e abuso de substâncias psicoativas, lícitas e ilícitas, e posteriormente determinar medidas apropriadas inibidoras ou impeditivas desse consumo.

Tais levantamentos ou pesquisas caracterizam-se por um aspecto comum: seu foco são as pessoas usuárias de substâncias psicoativas e seu ambiente social.

Os resultados assim obtidos servem então de base para a elaboração de estratégias que busquem basicamente:
- produzir argumentos de prevenção primária (evitar que não usuários iniciem-se no consumo indevido de drogas lícitas ou ilícitas);
- promover a prevenção secundária (convencer os usuários para que se abstenham do uso ou abuso de drogas, incluindo a recuperação nos casos de dependência) e a terciária (prevenir o retorno a uma anterior dependência aguda).

O projeto "Clareza" visou proporcionar acima de tudo condições mais favoráveis e promissoras às estratégias e medidas de prevenção primária a partir de dois aspectos centrais: em vez de basear-se na formação de juízos próprios fortemente fundamentados em medos e temores criados a partir de informações externas e com variados graus de efeito moral e destrutivo, utilizando imagens negativas, validar e reforçar valores positivos naturalmente existentes nas pessoas, mas nem sempre conscientes nas mesmas; dessa maneira, tornar atos e atitudes saudáveis em relação a drogas, decorrentes de conscientizações episódicas e esporádicas, em comportamento saudável, independente e resistente a influências externas.

Partindo de uma investigação junto aos não usuários de drogas em busca da identificação das forças e razões que os impedem que se tornem usuários das mesmas, o objetivo geral do projeto foi a obtenção de resultados qualitativamente mais confiáveis mediante a utilização de uma forma alternativa na abordagem investigativa sobre o consumo indevido de substâncias psicoativas lícitas e ilícitas em busca da melhoria para a promoção da prevenção primária. Os resultados assim obtidos possibilitariam uma prevenção primária, que estaria fundamentada e centrada na sinergia formada pelas resistências naturalmente abrigadas nas pessoas, e pelos esforços preventivos desenvolvidos pela sociedade. Exatamente do contrário ao que até aqui consiste na construção de baluartes contra as forças externas emergentes no sentido de promover um envolvimento com drogas.

A avaliação e interpretação dos dados foram feitas mediante um programa computadorizado que foi alimentado com as informações prestadas, ordenando e somando essas informações, e permitindo tanto o cruzamento de todos os dados, como a avaliação separada conforme diversos fatores condicionantes. Essa segmentação permitiu uma interpretação dinâmica conforme a faixa etária e a concorrência de vários fatores condicionantes nas respostas informadas. Foram feitas análises distintas por estabelecimento de ensino, região urbana e, dentro de cada categoria, segundo os diversos condicionantes e uma análise global.

Esperava-se obter, e de fato foi possível detectar e revelar, aspectos inerentes aos jovens com relação à não iniciação e à abstinência de drogas, e consequentemente identificar mecanismos a serem aproveitados em programa de prevenção primária pró-ativos como atitudes e comportamentos naturais dos jovens e sinergéticos com os desejos primários da sociedade de garantir uma vida física e mentalmente sadia e segura.

Não há registro de um levantamento ou uma pesquisa de campo realizada dentro desses parâmetros e critérios, a partir dos pressupostos apresentados e nos moldes do projeto "Clareza", que constitui a base de formação de dados para este trabalho.

"Eu gosto de mim" foi a afirmação assinalada por quase 90% dos alunos de 5ª à 8ª série numa pesquisa inédita realizada pelo projeto "Clareza", que procurou descobrir o que de fato é importante para que esses alunos não façam uso de drogas – lícitas e ilícitas. Outros destaques foram dados aos exemplos dados pelos pais, sejam eles positivos ou negativos, à preocupação com os efeitos negativos das drogas sobre os resultados escolares, ao medo de prejuízos à saúde, mas também ao orgulho de ter posturas baseadas em responsabilidade e solidariedade. Por outro lado, as proibições e a opinião dos colegas pouco influem na sua decisão para o não uso de drogas.

Baseado nessas informações, procura-se identificar o que, num trabalho de prevenção por parte de pais e professores, realmente interessa à criança a ao adolescente saber sobre drogas e sua evitação. Discute-se também quando e como passar essas informações para que surtam o efeito desejado sem, ao mesmo tempo, despertar curiosidades desnecessárias, ou exercer um terrorismo emocional absolutamente prejudicial.

A existência das drogas lícitas é inevitável e seu efeito de abertura para o consumo das ilícitas é indiscutível. A única proteção que podemos oferecer aos nossos jovens é uma prevenção eficaz mediante a formação de uma personalidade sadia, autoconfiante e equilibrada e na qual a droga não encontra aceitação, acompanhada por informações específicas honestas e objetivas.

O livro reproduz os dados centrais da pesquisa, que são ilustrados de forma analítica e comparativa em numerosas tabelas relativas aos diversos focos do levantamento.

Impressão e Acabamento
Com fotolitos fornecidos pelo Editor

EDITORA e GRÁFICA
VIDA & CONSCIÊNCIA

R. Agostinho Gomes, 2312 • Ipiranga • SP
Fone/fax: (11) 3577-3200 / 3577-3201
e-mail:grafica@vidaeconsciencia.com.br
site: www.vidaeconsciencia.com.br